人事部主導による
パワハラ解決と
管理者研修ドリル

部下にとって上司は最大の職場環境

シニア産業カウンセラー
小原 新 著

経営書院

はじめに

「パワハラ上司のほとんどが、自分がパワハラの加害者だということに気がついていない。」それが私の現場の実感です。

その上司の皆さんはマネージャーでありながらプレーヤーの仕事が非常に多いのが実態です。

「パワハラ、そんなことわかっているけど、考えている時間もないよ。」と反論したい上司の気持ちは私自身、理解できます。

しかし、私には上司がそのことに気づけば、パワハラの予防と改善ができるという期待と確信があります。また、パワハラは特別な上司が加害者になるのではなく、誰もが加害者になる可能性があるのです。

アフターファイブのお酒の席だけでなく、帰宅途中の電車内でも男女問わず、年齢問わず上司に関する話題が飛び交っています。それも“上司に困っている”というような話題が圧倒的に多いのではないでしょうか。そのことは、いつの時代も「上司」は働く人にとっての重大な関心事であることを裏づけていると言えます。

私は40年を超える企業の人事担当と、15年の産業カウンセラーという立場を通して、様々な会社の上司と部下の関係に関わってきました。

なかには、部下の潜在能力を活かすことができず知らず知らずのうちに部下の成長を阻害したり、またはひどいときには病気、退職に追い込んでしまう上司の姿がありました。

また上司が原因で本来持っている能力を十分に発揮することができなく辞めていく部下達も見てきました。辞めた方々にとっては会社にいても将来の展望が見えない辛い状態であったことは容易に想像できます。人事担当時代の私は、その度に、無力さと反省を繰り返してきました。

以前、私の「信頼関係づくり」の研修受講者から研修後にこんな相談を受けました。

「『俺が上司の間は、お前だけは絶対に課長に推薦しない』と上司に言われてしまったのです。ビックリしてしまい理由を聞くことすらできませんでした。そんなことを言われてしまってからは、職場にいることがすごく苦痛なのです。」

もしもあなたがこの相談者の立場だったら、どんな気持ちになるでしょうか。“この野郎！”と思い、上司を見返すためにいっそう頑張れる部下はごく少数でしょう。多くの部下は、その上司と出会ってしまったことを不運に思い、やり過ごしたり、我慢できずにその職場を離れたいと人事に相談する、または相談しないで退職をするなどいずれにしても、せっかく志を持ち働いている会社でそのような思いをするのはとても残念なことです。

逆に、上司が部下のことを深く理解し、その能力を信頼し応援してくれたらどうでしょうか？

会社という組織の中で働く人々は、いつの時代も上司の影響を良くも悪くも大きく受けています。どんな上司と出会うかが、部下のその後の人生を大きく変えることは自明の理です。

企業がパワハラに悩む大きな要因は、職場環境が阻害される、優秀な人材が潰される、コンプライアンス上の問題が起こるリスクなど多々あります。また、問題となっている上司は仕事ができる上司であることも多く、人材の少ない企業や部門では解決することが難しい原因の一つになっています。特に、働く人にとって影響が大きい上役の上司に対しては、指摘や指導をできる立場の人が少ないため、本人も気づく機会がありません。「何とか治まらないかな」と、部下の気持ちや顔を想像しながら祈ることしかできいない人事担当者もいるでしょう。

パワーハラスメントの当事者関係は「上司から部下へ」が次位の「先輩から後輩へ」を三倍くらい離した結果になっています。

またパワーハラスメントが発生している職場の特徴は、上司と部下のコミュニケーションが少ない職場、正社員に加えて派遣社員やアルバイト等様々な立場の従業員が働いている職場、残業が多い・休みがとり難い職場となっています。

この本では、いくつかのワークを通じて上司本人が「自分が問題の当事者かもしれない」ことに気づく場を提供しています。問題の真の原因に気がつけば、その時点で改善をすることが期待できるからです。

本書では職場全体を悩ましているパワーハラスメントをテーマにしています。上司のみなさんがこの本を読み進める過程で、自身の自己理解を深めることにより、職場内での上司と部下の課題について認識することができるようになっています。そのために、一般論ではなく、自分自身を見つめることにウエイトをおいています。

このドリルでは、2つのステップを通して職場内の問題の解決を目指します。

1つめのステップでは職場内での問題に関わる以下のことを確認します。

・上司が職場で発揮している「性格・個性・態度など」を知ることで部下及び関係者などにパワーハラスメントをしている可能性があるかを確認すること。
・上司の発揮している「性格・個性・態度」が職場の雰囲気、職場環境にどのような影響を与えているかを確認すること。
・ワークを通じて、「上司」と「部下」の信頼関係の状況を確認することです。

2つめのステップでは、確認の結果に応じて改善が必要な場合は、どうしたら改善することができるのかを検討し、職場の人間関係を改善に導きます。

皆が元気に働くことができる職場をつくることは企業の責任である、と言うことができるでしょう。

そのためにできることはたくさんありますが、ブラック企業の代名詞ともいえる、 パワーハラスメントのない職場作りは社内の改善に大きな力を発揮します。

また当事者ではなく第三者の目で見ることができる人事部門では、問題の発見や解決を効果的に行うことができるでしょう。

この本では、第１部の職場での人間関係に問題を抱える上司の物語、第２部のパワーハラスメントの解説、第３部の実際に行うワークを通して職場内の問題を解決に導いていきます。

上司の在り方を確認し、生産性の高い信頼感溢れる職場づくりに挑戦してみませんか。社内研修での使い方は次に紹介してありますのでご覧ください。

今、日本の産業界、企業を取り巻く環境は目まぐるしく動いています。企業は生き残るためには素早く変化に対応していく必要があります。これに対応できる企業だけが未来に向け成長発展できると言っても過言ではありません。

働き方や、働く人の価値観も多様化している中で、組織は人材を最大に生かし、総合力を発揮し続けなければなりません。これを実現するには元気で、やり甲斐を感じる職場環境が不可欠であり、経営、従業員共通の実現目標だと思います。その実現に向け重要な役割を担うのが「上司」の皆さんだと思います。そのために、本書が上司の皆さんの成長に向けてのヒントになれば幸いです。

本書の企業内研修での使い方

1　本書を使った研修の対象者

主として上司（部下を持っている人）を対象に書かれていますので下記の方を対象とする研修が最適ですが、「自分を知る」ことが大きな柱になっていますので、どの階層にも利用いただけます。

1）上司研修　　　　（新任・フォローアップ）

2）上司候補者研修

3）リーダー研修

2　本書の構成

本書は、パワハラを理解しやすくするために３部で構成しました。

第１部は「愛され上司になるためのたった一つの方法」と題した物語です。

この物語を読んでいただくことによって、パワハラの構造等を大まかに理解していただき、後に続く第３部の「上司のドリル」がスムーズに進むように考えました。

第２部はパワハラが働く人や職場に与えられている影響について、理解いただくためのデータです。

第３部は「上司のドリル」です。上司が自己理解によって、自分自身の言動等がパワハラだけでなく、部下や職場の雰囲気や環境にどのような影響を与えているかを確認するものです。
ドリルを一歩一歩進めていくと、今の自分の課題に気づき、また新しい自分に出合うことができるように構成してあります。

3　社内研修での使い方

以下は一つの研修の進め方の例示として提示しますので、役職，上司経験、所属分野、参加人員などを総合的に勘案して効果的な方法で取り組んで下さい。

また、研修にかけられる時間に応じて、必要な「章」、「質問」を選択し、実施することは可能ですが、その場合第３部第２章の「部下のストレスの原因」を最初に学習することをお勧めします。

１）集合研修

ケース１

① 第１部 「物語」の使い方

参加者は事前に「物語」を読んだ上で集合研修に参加する。

・パワハラ上司であった「森田さん」の言動と自分の言動と対比し、気づいたことについて整理して参加させる。

・その上で、整理してきたことを個人発表し、意見交換をしながら進める。

【指導上の留意点】

・個人の発表は、議論が進むにつれて、森田さんの言動が良いの、悪いのという議論になりがちです。ここでは自分自身の言動を振り返った発表になるように指導する。

・参加者は同僚や上司に対して、自分のことをありのまま自分から話すことに慣れていない場合が多いので、発表に際しては無理をさせないこと。

・発言に対して冷やかしたりすることが予測されるような時は、そういうことがないように事前に参加者に伝える。

② 第３部 「上司のドリル」の使い方

第３部は「質問」「解答」「解説」という構成になっています。

企業内研修で小グループに分かれて学習する場合の基本的な進め方は以下の通りですが、講座の時間などで臨機応変に対応して下さい。

基本的な進め方

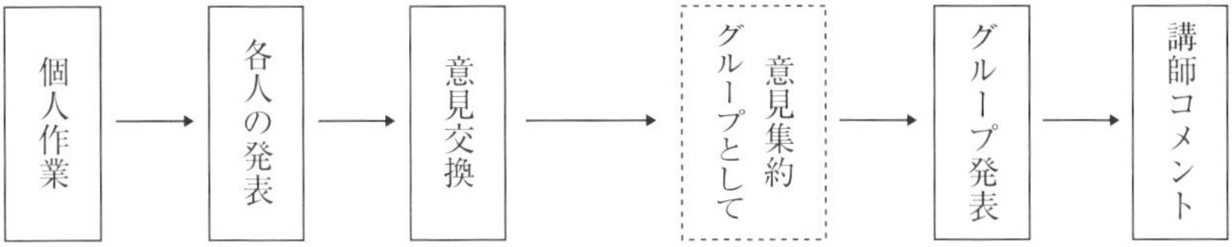

・「質問」についての解答はまず個人作業で行う。
・個人作業は、普段の自分の言動を踏まえて振り返る。尚、研修時間によっては、事前に解答まで準備して参加させる方法もある。
・個人作業の結果について、各人がグループ内で発表し、意見交換などをする。
・グループ発表が終わった時点で講師は「解説」も含め、自分の意見をコメントする。

グループ討議が不十分であったり、十分に理解が進んでいないと判断した場合は、講師がコメントする前に、グループで解説を読み、改めてグループ討議をする方法もある。

【指導上の留意点】
・解説の考え方は、ひとつの考え方です。このドリルの質問には「絶対的な正しい解答というものはない」という前提で、受講者に考え方を一つひとつ整理させながら、自分自身に問いかけ、現場・状況に即した自分らしさを生かした解決方法を考えるように指導して下さい。
・この本は書き込みドリルになっています。受講者の頭の中にあることを自分の言葉で書き出すことで、より頭の中が整理できます。少し面倒に感じる受講者もいるかもしれませんが、確実に整理させて下さい。
・グループのメンバーの中で自分のことを発表することに抵抗がある人や、発表した時の自分に対する影響を意識する方もいることを理解しておいて下さい。「質問」によっては発表内容の程度（深さ）を強く要求することは避けて下さい。

・質問に答えていくと、受講者本人にとって意外な回答が出てくるかもしれません。そのような場合は、新しい自分との出会いを理解するように指導して下さい。

・「質問」の内容によっては、グループとしての統一見解を考えさせて下さい。

・複数のグループがある場合、時間的な余裕があれば、「質問」によって、各グループでどのような討議がされたのか、どんなことに議論が集中したのか内容を共有化してください。

・質問に答えていくと受講者本人にとって意外な回答が出てくるかもしれません。そのような場合は、新しい自分との出会いを理解するように指導して下さい。

・社内講師が解説や説明をする場合は、本書の解説にこだわらず自分の考えや事例を活用し、併せて、第2部の「パワーハラスメントとは」のデータを必要に応じて活用して下さい。

ケース2

「部下の指導育成」「管理の基本」など上司や管理者向けの研修の一部に組み込んで利用する方法もあります。

2）その他の活用法

①　上位者がOJTに活用する場合

・部下との接し方がわからない人などに第一部の物語を読ませて、感想を聞き、意見交換を行う。

・ドリルを参考にして、OJTの対象である部下のニーズにあった「質問」を業務遂行場面、面談の場などで行い自己理解の促進等に活用する。

　部下の回答は、聞きっぱなしではなく、良い点は誉め、必要ならアドバイスなどをすることが有効。

② 読書会の教材として本書を活用する

・上司・管理職にこだわらず、各々の立場の理解に活用できる。

・「物語」だけを上司・部下全員で読んで、職場全体で話し合う方法もあります。

【参考】上司研修の例示

一日の研修事例（6.5時間） 上司の言語が部下・職場にどう影響しているかを知る

9時 10 11 12 13 14 15 16 17

	オリエンテーション	上司の役割とは何かを考える	職場ストレスの原因を理解	休憩	上司（自分）が出している対人キャラクターへの理解「部下と職場への影響をする」	振り返り

二日の研修事例（13時間） 加えて部下との信頼関係の基本である「話の聴き方」と「伝え方」を確認する

（一日目）

	オリエンテーション	上司の役割とは何かを考える	職場ストレスの原因を理解	休憩	上司が出している対人キャラクターへの理解「部下と職場への影響を知る」	振り返り

（二日目）

昨日の振返り	部下の話を聴くトレーニング（実習中心）	休憩	部下への伝え方の理解（実習中心）	二日間の振り返りと総括	

目　次

第1部

「愛され上司」になるためのたった一つの方法

〜あなたの職場に奇跡を起こす魔法の質問〜

プロローグ

毎朝四ッ谷の駅前にあるコーヒーショップは、モーニングやコーヒーで一息つくサラリーマンたちでにぎわっている。
森田倫生（もりたみちお）も出勤前にここでモーニングセットを食べるのが日課だ。
２階の窓際の席にすわりコーヒーを一口飲むと、ふぅーっと深いため息をついた。
昨日また１人、森田の部下が退職した。今年に入って３人目だった。

森田は、はなまる商事に勤めて今年で15年目。
２年前に森田は初めて課長という役職に抜擢された。
部下をもつ上司という立場に緊張しつつも気合いの入っていた森田だったが、次第にその気合いは空回りし、はじめはほんの少しだけあった自信さえもどんどんと打ち砕かれることとなった。
そしてこの２年間、森田の部下が次々と退職したり、異動の希望を出し、彼のもとを去っていったのだった。
そのことで森田はいつも上司からチクチク嫌味を言われている。部下の管理ができていないのは、当然森田の責任だ。
そんな風にすぐに部下が辞めてしまうので、もちろん森田の部署である営業２課の成績は思わしくなかった。営業部の成績が悪いというのは会社にとっても大きな問題だ。

上司は森田を呼び出しいろいろと尋ねるのだが、彼自身にもなぜ部下がすぐに辞めてしまうのか、全く見当がつかないのだ。
部下に文句を言われるわけでもないし、退職するときも一身上の都合としか言われないのだ。
はじめのころは、退職届を受け取るときに理由を尋ねてみたりもしたのだが、うまく濁されてしまって理由を聞き出すことはできなかった。最近ではもう理由を聞く気すらなくなっている。

でも、部下が会社を退職するという決断に至るには、それ相応の理由があるということは森田にもわかっている。

トーストをかじり、ふと窓の外を眺めると、斜め向かいのビルの看板が目に留まった。
【悩める上司の専門家・代々木カウンセリング・オフィス】

今まで毎朝ここに来ていたが、こんな看板は目に入らなかったな。代々木？四ッ谷じゃなくて？？
などと思いつつも最近ついに10円玉サイズの円形脱毛症ができた森田は藁をもつかむ思いで看板にあった電話番号をメモし、さっそくお昼休みに電話で予約を入れた。

予約が取れたのは２週間後の日曜日の午後、森田は『悩める上司の専門家・代々木カウンセリング・オフィス』を訪れた。
ドアを開けると、電話の対応をしてくれたであろう、受付の女性がいた。
Ｌ字型の小さなオフィスには、受付の向こうにデスクがあり、カウンセラーであろう中年の男性が座っていた。

「森田さん、お待ちしていました。
カウンセラーの代々木です。こちらへどうぞ。」

カウンセラーは立ち上がると、笑顔で森田を部屋の奥へ案内した。
そこには１人掛けの座り心地の良さそうな革のソファーが２つ窓際に向い合せに置かれていた。
地名じゃなくて名前だったのか…と思いながら森田がソファーに腰を掛けた。

代々木ももう一つのソファーに座り、一通りカウンセリングの手順について説明を始めた。

そして、受付の女性がお茶を出すと一口飲んで代々木は切り出した。

「森田さん、ここにいらしたということは、何か職場のことで悩んでいらっしゃるのでしょうか？」

代々木にたずねられた時、森田は今までにない、なにか暖かいものにふんわりと包まれるような安心感を感じた。上司にいろいろと問題についてたずねられたときとは違い、不思議といろいろと話してみようと思えたのだ。

「私は今の会社に勤めて15年になります。それなりに仕事を一生懸命やってきたつもりです。その甲斐あって２年前からは課長になりました。しかしなぜか私の下に配属された部下たちが全然長く続かないのです。退職してしまったり、異動願いを出したり。なぜなのか全く見当がつかないのです。
そしてまた先日１名退職願いを出されてしまいました。
最近、社内では私の課は社員の墓場だなどと陰で揶揄されています。
いろいろと自分で考えてみても、残業を押し付けているわけでもないし、本当に心当たりがないのです。」

森田は今の気持ちを正直に伝えた。

「森田さんの職場内でたくさん退職者が出てしまっているが、理由が思いつかない、身に覚えもない、ということですね。それは、上司として苦しい立場ですね。」

代々木の言葉を聞いて森田は自分の状況が伝わった感じがした。

「そうなんですよ。最近では上司にもよく呼び出されてはチクチク言われているんです。なにしろ、営業２課は会社にとっても非常に重要な課ですから。」

「皆さんすぐに退職されてしまうとのことですが、この２年間で一番長く続いていらっしゃる方は、どれくらい続いているのでしょうか？」

「この２年で一番長く続いている者で１年２カ月ですね。」

「一番長い方で１年２カ月ですか。なかなか短いサイクルで部下の方が入れ替わっているようですね。
それでは、なぜ森田さんの部下が辞めてしまうのか、というのを考えていく前に一つ質問です。
森田さんは、「職場の環境」というのはどんなものだと思いますか？」

代々木は森田の目を見て問いかけた。
森田は少し考えてから答えた。

「職場の環境ですか…、まず、作業強度、働きやすさ、仕事内容とか。それから人間関係も大きいと思います。」

「そうですね。働きやすさ、仕事内容や人間関係は職場環境にとって、とても重要な要素ですよね。
では、森田さんの部下である皆さんの仕事内容を決めているのは誰でしょうか？」

森田は何でこんな当たり前のことを聞いてくるのだろうか？不思議に感じながらも答えた。

「上司である、私です。」

森田の答えを聞くと、代々木は続けた。

「では、森田さんの部署では職場の人間関係には誰が係わっているでしょうか？」

「私とあとは同僚、その他の関係する社員、取引先などですかね。」

と言った瞬間、森田は、なんだか心の中がざわっとしたのを感じた。
その森田の心に気づいたかのように、代々木は続けた。

「森田さん、そうなんです。上司である森田さんは、部下の皆さんの職場環境を左右する重要な立場であると言えるのではないでしょうか？」

「たしかに…。では、やはり部下たちが辞めていってしまうのは、私が原因なのでしょうか。」

「すべての原因が森田さんにある、ということではありません。ですが、森田さんが上司として、部下の皆さんの職場環境にとても大きな影響力があるということは間違いなさそうですね。」

一呼吸おいて、代々木は続けた。

「でもね、森田さん、影響力があるということは、森田さんの力で職場を変えることができる、とも言うことができるのではないでしょうか？はなまる商事の墓場と言われる森田さんの課が、はなまる商事の天国になる、みんなの憧れの課になるような奇跡が起こるかは、森田さん次第なんですよ。」

「そんなの信じられませんよ。」

すっかり自信を無くしている森田には、代々木の言葉をそのまま素直に受け入れることなどできなかった。

森田は自分が職場で部下の職場環境に大きな影響を与えていることはわかった。しかし、森田自身の力で営業２課がみんなの憧れるような職場になるなんて、想像できなかった。
今までだって、部下の育成に手を抜いていたわけではない。森田なりに一生懸命やってきたつもりなのだ。そしてその結果部下が次々と辞めている。

「部下の育成だって、私なりに一生懸命やっているつもりなんです。でも…。」

もはや言葉にならなかった。

「でも、さっきご自身で言っていたではないですか、職場環境は仕事内容と人間関係で、その両方にあなたが関わっているって。」

「確かに言いました。」

「森田さん、では『部下は上司であるあなたの鏡である』と言われたらどんな感じがしますか？」

代々木はたずねた。

「いやいや、あんなすぐに辞めていってしまった奴らは私の鏡でもなんでもないですよ。」

そう言いながらも、森田の心にチクリと引っかかるものがあった。
辞めていったあいつらが私の鏡だとしたら、その鏡にはどんな姿の私が映っていたのだろうか？
辞めていった部下たちの顔が次々と浮かんだ。
そして、今いる部下たちの顔も。

そんな森田の頭の中を察するように、代々木が笑顔で言った。

「森田さん、ジム・ローン（注１）さんはこんなことを言っています。

『コミュニケーションをするだけなら、なんとかできる。しかし、うまくコミュニケーションすれば、奇跡を起こすことができるのだ。』

これから森田さんの職場で奇跡が起きますよ！」

コラム　1

●あなたへのメッセージ
困難の中だから見つけられるチャンスがある。
あなたが奇跡を起こすと決めた日が奇跡の始まり♪

第1章 気づき

「では、まず現在の状況を様々な角度から確認してみましょう。
森田さんが今までに感じてきた『上司』とはどんな存在でしょうか？」

代々木は穏やかにたずねた。

「そうですね。私に仕事を与える存在です。」

森田は上司たちを思い浮かべながら答えた。

「仕事を与える存在の他には何かありますか？」

「間違っていることを注意したりします。」

上司というと良いイメージが出てこないな、と森田は感じた。

「森田さんのお話を聞いた感じでは、『上司』という存在に少しネガティブな思いを持っているような印象を受けますが、いかがでしょう。」

「そうですね。『上司』と聞くとあまり良い印象がありません。理不尽なことで怒られたり、上司のミスを私のミスのように言われたこともあります。」

悔しい思いや、やりきれない苦い思い出が森田の中によみがえっていた。

「そうでしたか。では、森田さんが思う『理想の上司』というのはどんな上司のことでしょうか？」

「何か問題が起きたときに、こちらに責任を押し付けるのではなく、一緒に問題を解決してくれたり、うまくいったときには一緒に喜んでくれるような上司だったら一緒に仕事をして楽しいと思いますし、尊敬できると思います。今のところ出会ったことはありませんが。」

「なるほど。森田さんの理想の上司は『一緒に仕事を分かち合い、助け合ってくれるような上司』なんですね。では、森田さんの部下の皆さんは森田さんのことをどんな上司だと感じていると思いますか？」

「そうですねぇ、、、つまらない上司だと思っているかもしれませんね。」

森田はため息をついた。

「なぜそう思うのでしょうか？」

そんな森田を優しく見守るようなまなざしで代々木はたずねた。

「私は『仕事は仕事』と割り切っていますので、職場で仕事以外の話はめったにしません。コミュニケーションがあまり得意ではないのかもしれません。考えてみると、ここ最近、職場で笑ったりすることもありませんし、陰口を言われているのを聞いたこともあります。それで余計部下と話をしなくなりました。今までこんなこと考えたことがありませんでしたが、よく考えてみると自分から仕事以外で部下に話しかけることがなかったように思います。たまに部下が話しかけてきても聞かれたことに答えるだけで、すぐに話を終わらせてしまいます。別に無理に話すこともないかなぁと思っていたのですが。」

「今まで部下の皆さんとは積極的なコミュニケーションを取らずに、そして陰口を言われていたこともあって、さらにコミュニケーションに消極的になってしまったということですね。
それでは、上司である森田さんにとって『部下』とはどんな存在でしょうか？」

「私が与えた仕事をしてもらう存在ですね。」

「なるほど、では森田さんにとっての『理想の部下』とはどんな部下でしょうか？」

「そうですね。私が与えた仕事を一生懸命こなしてくれる、やる気のある部下だったら嬉しいですね。」

「なぜ、一生懸命でやる気のある部下が理想なのでしょうか？」

「私の課は営業２課です。やる気のある部下でないと課の目標を達成することができませんし、やはりやる気のある人間と一緒に仕事をするというのは楽しいのではないかな、と思うんです。」

森田は活気があり楽しそうな職場をイメージしていた。

「では、森田さんの『理想の上司』像にあったように、そんなやる気のある部下が悩んだときに一緒に考えてくれたり、仕事がうまくいったときには一緒に喜びを分かち合ってくれるような上司がいたら、どうでしょう？」

「そんな職場は理想的ですね。会社に入る前に描いていた職場ってまさにそんな感じだったような気がするな。」

森田は15年前、会社の内定が出たときのことを思い出していた。初めて社会に出るということにワクワクしていた頃だ。
あのときはまさか15年後にこんなことになっているとは思わなかった…。

「先ほどのお話では森田さんは部下の皆さんのことを『与えた仕事をこなす存在』とみていましたね。また、部下の皆さんは森田さんのことを『つまらない上司』だとみているかもしれない。」

「理想の職場からは程遠いですね…」

森田はふうっとため息をついた。

「でも、どうでしょう。例えば森田さんの部署に『理想の部下』である一生懸命仕事に取り組むやる気のある部下が入ってきたらどうでしょうか？森田さんが与えた仕事に真剣に取り組み、わからないことがあったら質問をしてきたり、アドバイスを求めてきたり。
そんな部下が入ってきたらどうですか？」

「そりゃあ、そんな部下がいたらかわいいですねぇ。私もできるだけ力になろうと思って、アドバイスをしたいなと思いますよ。」

「ということは、やる気のある部下に対しては、気にかけてあげたり力になり助け合って仕事をするということですね。やる気のある部下さえ入ってくれれば、森田さんの理想の職場に近づきますね。」

「そうか、私はただ、部下運がなかっただけだったんですね！」

森田を諭すように代々木は続けた。

「ちょっと待ってください。やる気のある部下が職場に入ってくると、森田さん自身にもやる気が出て、理想の職場に近づくということでしたよね。ということは、森田さんが部下の仕事を一生懸命応援したり、助けてくれるような上司だったら、部下の皆さんも一生懸命仕事をする『やる気のある部下』になる可能性がある、と言えるのではないでしょうか？」

「なるほど。上司と部下ってまるで『鏡』みたいなんですね。」

と言った瞬間、森田はハッとした。
それを感じ取ったように代々木はたずねた。

「先ほど、『部下は上司の鏡』と聞いたとき、どんな感じがしたか覚えていますか？」

「あんなの鏡でもなんでもないって思いました。でも…鏡だったのかもしれませんね。
私がつまらなそうに仕事をしていたから、部下も仕事がつまらなくなってしまった、ということでしょうか。」

「『部下は上司であるあなたの鏡である』ということに気づいていただけたみたいですね。」

代々木は微笑んで言った。

「では、次に先ほど『部下というのはどんな存在か』という質問をしましたね。そのときの答えは『部下は上司から与えられた仕事をこなす存在』ということでした。果たして、部下というのは上司に与えられた仕事をこなすためだけの存在なのでしょうか？」

「違うんですか？？」

森田は驚いた。自分が部下だったときは、上司から与えられた仕事をこなしていくのに一生懸命だった。仕事を与えられ、それをこなしていく、それ以外に部下の存在意義なんて考えられなかった。自分が部下の時も、上司という立場になってもなお、それは変わらない。

「では、たとえば森田さんの課に部下が一人もいなくなってしまったらどうなりますか？」

「課内のすべての仕事を私一人で行わなければなりません。」

「そうですね。ということは、部下のみなさんがいないと結構困りますよね。」

「結構どころじゃなくて、かなり困りますよ。」

なんでそんな当たり前のことを聞くんだろう、と森田は思った。

「ということは、部下の皆さんは森田さんにとってどんな存在でしょう？」

「う〜ん。私の仕事をサポートしてくれる存在、と言えるかな・・・」

「では、森田さんの部下の皆さんが仕事をしてくれなければ、会社にとってどんな影響がでるでしょうか？」

「私の部署は営業部です。部下が営業に行ってくれなければ、商品を売ることができません。会社の業績はかなり下がり、利益も半減するでしょうね。」

「では、森田さんのお給料やボーナスはどこからきているのでしょうか？」

「会社の利益からです。」

「ということは、会社の利益を生み出している営業部や他の部署の皆さんがいらっしゃるから森田さんのお給料が生み出されているということができますよね。」

「なるほど。部下のみんなや、他の部署のみんなが働いてくれているおかげで、私はお給料を受け取ることができるのですね。」

「そうなのです。社員一人ひとりの皆さんの頑張りや経営努力によって、会社では利益が生み出されているのです。」

一呼吸おいて、代々木は続けた。

「ということは、森田さんの部下の皆さんや他の社員の皆さんの努力が森田さんの生活をも支えているということも言えますね。」

「部下のことをそんな風に考えたこと、１度もなかったなぁ…」

「どうしても上司は部下よりも立場が上なため、そういった根本的なことを忘れてしまいがちですよね。でも森田さんは今日思い出すことができました。」

「そう言われてみれば、自分が部下だったときに上司に対してそんな風に思ったことがあったような気がします。『こいつら俺らのおかげで商品が売れてるのに、全然わかってねぇ。』って。でも、上司になった今、私はすっかりそんなことを忘れていました。」

「今日は２つの大切な事に気づくことができましたね。
『部下は上司にとって鏡であるということ』
『部下やその他の社員の皆さんのおかげで上司やその家族の生活が成り立っているということ』。」

「今まで、そんな風に思うことはありませんでしたが、言われてみるとそうだなぁ、と思いました。」

「では、森田さんに次回までの宿題があります。」

「宿題なんてあるんですか？メモをするのでちょっと待ってください。」

「心配しなくても大丈夫ですよ。とっても簡単ですから。

明日から部下の皆さんへ感謝の気持ちを伝えて欲しいのです。

『ありがとう』と一言添えるだけでいいですから。そのときのポイントは必ず『私の生活を支えてくれてありがとう』という気持ちを込めることです。

ジグ・ジグラー（注１）さんはこんなことを言っています。

『身につけられる態度のうち最も大切なものは、感謝の態度である。そして、それは人生を変えるほど大きなものである。』

ジグさんが言うように、森田さんの人生を変えるような奇跡が起きますから、必ずやってくださいね。

では、また１カ月後にお会いしましょう。」

コラム 2

●あなたの職場に奇跡を起こす魔法の質問

質問１：あなたが感じる『上司』とはどんな存在ですか？

質問２：あなたにとって『理想の上司』とはどんな存在ですか？

質問３：あなたの『部下』はあなたのことをどんな『上司』だと思っていますか？

質問４：あなたにとって『部下』とはどんな存在ですか？

質問５：あなたにとって『理想の部下』とはどんな存在ですか？

質問６：あなたが『理想の上司』になったら、あなたの職場でどんな変化が起こりそうですか？

●今日のレッスン

あなたの部下の皆さんが仕事を通して会社やあなたの生活を支えています。

部下の皆さんに心を込めて感謝の気持ちを伝えましょう♪

第2章 ストレス

カウンセリングオフィスを後にした森田の心は少しだけスッキリしていた。

「部下は上司の鏡」
とつぶやいてみた。

森田の脳裏にはこれまで関わってきた部下達の顔が浮かんでいた。
はじめはやる気のある部下もいたのだ。でも次第にみんなやる気をなくして、そして私のもとを離れていった。

いまどきの若者は根性もないし、野心や意欲もないやつばかりだ！
なんて思っていたが、本当は上司としての私のあり方に問題があったのかもしれないな、と森田は思い始めていた。

カウンセラー代々木からの宿題は『部下に感謝の気持を伝えること』。

仕事をしてくれた部下に『ありがとう』なんてここ最近言っていなかったことを、代々木にすっかり見透かされていたな。
宿題として言われるまで、そんなこと気にもしていなかった。
ということは、『与えた仕事をするのは部下として当然』と思っていたからだろう。

部下は私の生活を支えてくれていた…。
むしろ、私が部下の生活を支えているものだと思っていたが、勘違いだったかな。
いや、お互いに支え合っているのではないだろうか。

部下は上司の鏡であり、上司は部下の鏡である

森田は手帳の宿題が書かれている下にそう書き込んだ。

翌日、頼んでいた仕事を持ってきた部下の斉藤にさっそく『宿題』を試してみることにした。
斉藤は、人の入れ替わりの早い森田の部署では一番長く続いている古株なのだ。古株と言っても斉藤がこの部署に来たのは１年２カ月前。１年２カ月が今のところ一番長い記録だ。

斉藤は少し抜けていて仕事は遅いのだか、真面目で素直な性格だ。そんな彼だから平均在籍期間７カ月と言われる森田のもとで１年ちょっとも続いているのだろう。

斉藤の持ってきた資料を確認して、森田は勇気を出して言った。

「ありがとう。助かったよ。」

少し緊張して声がうわずってしまったが、カウンセラーの代々木に言われた通り『生活を支えてくれてありがとう』という気持ちを込めて伝えることができた。

斉藤は、目を大きく開けて驚いた顔をし、

「は、はい。」

と小さな声で言うと、足早に立ち去ってしまった。
ちょっと声がうわずったのがまずかったかな、と森田は思ったが、相手の反応はさておき、感謝の気持ちは伝えてみると自分でも驚くほど気持ちが良いものだった。

次はお茶を入れてくれた入社３カ月の女性社員水野に。

「水野君、ありがとう。」

今度はうわずらなかった。しっかりと心も込めた。
水野は、にっこりとほほ笑んだ。
気持ちが少しは伝わったかな、と森田は感じた。部下の笑顔を見るのも久しぶりだったような気がして、心の奥が少し暖かくなった。
こんな些細な一言で、部下の笑顔を見ることができるということを知らなかった。

その後も、一人ひとりに「ありがとう」や「お疲れさま」と声をかけるようにしていった。
みんな斉藤ほどではないが、一様に驚いている様子だった。

みんながそんなに驚くということは、私はそれほどまでに感謝の気持ちを伝えてこなかったんだ、と森田は気づき、今までの自分を恥じた。
はじめは勇気が必要だったし照れもあったが、言ってみるとこれが意外に自然なのだ。
意外でもなんでもなく、本当はこれが当たり前なんだろうと思った。

退社時にも「お疲れさま」となるべく一人ひとりに声をかけてみた。
みんな驚いていたが、返事はしてくれた。

次の日は「ありがとう」を言う時に、笑顔も追加してみた。昨日の夜、鏡の前で少し練習をしたのだ。
最初に試した斉藤にはひきつり笑いを見せてしまい逆に驚かせてしまったが、だんだんこれも自然にできるようになってきた。

そんなにすぐに職場内が大きく変化することは期待していなかったが、今までどんよりと重かった職場の空気が穏やかになった感じがした。
森田に対する部下たちの態度は今までと大差ないのだが、少しずつ部下たちの笑顔をみる機会が増えているような気がした。

一週間もすると森田の考えは確信に変わった。
確かに部署内の雰囲気が違う。

もしかしたら本当に奇跡が起こるのかもしれない。森田はそんな気がしてきて、少しワクワクしている自分に驚いた。
こんな気持ちになったのは何年ぶりかな。全く思い出せない。就職する前か、もしかしたら初めてなのかもしれない。

そして２回目のカウンセリングの日になった。

森田はこの１カ月の間で職場の空気が変わってきたことをカウンセラーの代々木に伝えた。

「宿題にきちんと取り組まれたようですね。」

代々木は暖かいまなざしで微笑んだ。

「そうなんです。感謝に笑顔も追加しましたよ。私に対する態度というのが大きく変わったわけではないんですが、職場内で今までのようなピリピリした感じが軽減されているのを感じます。変な緊張感が減ったといいますか、部下たちの笑顔も増えた感じがします。
なにより、感謝の気持ちを伝えると自分自身の気持ちが良いですね。」

「職場内や森田さんご自身にも素晴らしい変化があったようですね！」

「今までは朝起きた時点でもう体が重かったんですが、それが３日目くらいから不思議となくなったんですよ。」

「今まで職場で強いストレスを感じていたから、それが体調にも表れていたんでしょう。心と体はつながっていますからね。」

「ストレスは相当だったと思いますよ。だって円形脱毛症になっていますから。」
森田はそう言うと、ふと、この円形脱毛症もいつかは笑い話になるのかもしれないな、と思った。

「では、今日は職場とストレスについて考えてみましょう。

平成24年厚生労働省の調査（注２）では、職場で強いストレスを感じたり悩みがある人が60.9％いました。その中で、具体的なストレスの原因として

・職場の人間関係
・仕事内容
・仕事量
・会社の将来性
・仕事への適性
などがありました。
その中でも特に多いのが、はじめの３つ。『人間関係』『仕事内容』『仕事量』です。この調査内容からどんな印象を受けますか？」

「人間関係や仕事内容、仕事量は自分で決めることができないから、よりストレスを感じるのかもしれないなと思いますね。社員に無茶をさせているブラック企業も多いんじゃないかな。要員不足や利益を出すための人員削減があった場合にしわ寄せがくるのは残された社員ですからね。」

「本当にそうですね。リストラで退職された方にフォーカスされがちですが、退職された方だけでなく残された方も大変ですね。
では、森田さんの職場ではこの３つの『人間関係』『仕事内容』『仕事量』に関して影響を与えているのは誰でしょうか？」

「上司である私が部下の『仕事内容』や『仕事量』を決めています。また、『人間関係』は上司である私が大きくかかわっているというのは前回のカウンセリングで学びました。」

「そうですね。職場でのストレスの原因の上位３つのすべてに上司が大きくかかわっているということがわかりますよね。」

「はい。」
森田は、かみしめるようにうなずいた。

「では、森田さんは部下の皆さんから悩みについて相談を受けたことはありますか？」

「ありませんよ。あったら苦労してませんって。みんな『他にやりたい仕事がある』とか『一身上の都合』なんていう理由で職場を辞めていってしまうから、本当は何が嫌で会社を辞めたいと思ったのか、何に悩んでいたのかはわからないままなんですよ。」

「そうなんです。上司に悩みを相談する部下というのはあまりいないのです。平成12年厚生労働省の調査（注３）では家族に相談する人が54%、友人に相談する人が47%ですが、上司に相談する人はなんと全体の４％（男性6.1%女性2.9%）、働き盛りの25〜34、35〜44で男性は各々約12%、女性では４〜５％程度です。」

「私だけが相談されないわけではないんですね。なんかホッとしました。」

「森田さんが仕事のことで悩んでいるときは誰に相談をしますか？」

「う〜ん、やっぱり同期の仲間でしょうか。一番立場が似ているので話しやすいと思います。でも、職場の愚痴となるとたまに会う学生時代の友人や妻にはよく愚痴ってしまいますね。」

「森田さんも仕事の悩みは上司には相談しないということでしょうか。」

「仕事内容でアドバイスを求めたいときには上司に相談することもありますが、職場の人間関係の悩みやストレスの悩み相談は上司にはしませんね。」

森田はそう言ったと同時に気づいた。これは森田の部下全員の気持ちなのではないか。
その気持ちを読みとったかのように、代々木は言った。

「たしかに上司が悩みの原因になっていることが多いので、上司には相談しにくいですよね。」

「そうですよ。上司のせいで仕事がやりづらいとかやる気が出ないなんて言ったら、相談というよりは喧嘩を売ってると思われてしまいますよ。」

部下たちも同じ思いなんだろうな、と森田は苦い気持をかみしめていた。

「辞めていった森田さんの部下の皆さんはどうだったのでしょう？」

「人事担当にもよく言われるんです。『なんで辞表を出す前にもっと手を打たなかったんだ』って。でも、遅刻が目立つなとか、少し元気がないなというのは分かるんですが、何で悩んでいるかなんて相談されないからわからないんですよ。突然『辞めたい』と言われてしまって、え〜〜という感じです。やはり上司には相談しにくかったということですよね。」

「そうですか。やはり、森田さんが上司に悩みを相談できなかったように、森田さんの部下の皆さんも森田さんには本当のことを相談できなかったということですよね。

では、今度は相談を受けている人に注目してみましょう。よく相談されているのは友人や家族ということになります。」

「友人や家族には弱みを見せられるというか…信頼しているんですかね。」

「そうすると、上司には弱みを見せることができない。または、信頼していないから相談できないと森田さんは感じているのでしょうか？」

「どちらかというと上司には弱みを見せたくないと思ってきました。信頼していないというよりは、私の昇進などもかかっていますしね。あとは、もし私が何か愚痴ってしまったことで他の人に影響が及んだらと思うと、ヘタなことは言えないという感じもありますね。」

「なるほど、部下の昇進も上司によって決められるので、なるべく良いところだけを見せたいということですね。
確かにそう思っていたら、職場内のトラブルやストレスに関する悩みは相談できないですよね。悩みを相談するというのは、弱みをさらけ出すようなものですものね。
さらに、森田さんだけでなく上司というのは、同僚のみなさんの昇進にもかかわっているわけですから、部下は余計なことはなるべく言わないようにと思っている、ということなんですね。」

「はい。そういったことを考えてしまうと、上司と腹を割って話すっていうのはなかなか難しいですね。」

「でも、調査によると少ないながら10％程度の人は上司に相談をしています。相談をしたくなるような上司っていうのはどんな上司だと思いますか？」

相談したくなる上司か……そんな上司に出会いたかったな。森田はどんな上司だったら、自分の弱みをさらけ出してでも相談できるのか考えていた。

「いつも自分のことを気にかけてくれて、味方でいてくれたり、親身になって話を聞いてくれるような上司だったら、信頼できるなと感じます。あとは、日頃から尊敬できるような上司だと仕事の内容を相談してこんなときどう対応するんだろうと意見を聞いてみたいと思います。」

「では、上司がいつも自分のことを気にかけてくれるなと感じるのはどんな瞬間でしょうか？」

「仕事を依頼されるときに、一方的に押し付けるのではなく、仕事内容や量などを話し合ってくれたり、あとは仕事の進み具合や状況など問題が起きていないかを気にかけて確認してくれるときですかね。通常は、確認されるときといえば、ただ急がされているだけですから。」

森田はそう言いながら、上司が気にかけてくれると感じるときっていうのは、『上司の愛情が感じられるとき』だな、と思った。でも『上司からの愛情』なんて言葉を口に出すことも、それを感じたいと思っている自分に気づいてしまったことも、恥ずかし過ぎて代々木に伝えることはできなかった。

「では森田さんは、部下のみなさんにそういった確認はしていますか？」

「しているとは言えませんね。むしろ遅いなと思ったときに、ついつい『まだ終わってないのか、いつできるんだ』なんて言うことはあります。確認というよりは催促になってますね・・・。私のやっていることは、相談したくない上司の代表みたいな感じだな・・・。」

はなまる商事の墓場なんて言われて、森田の課長としてほんのわずかに残っていたプライドもすっかり粉々に砕けたような気がした。
自分をダメ上司だと認めたくはないが、それは間違いないのだろう。
そう認めてしまえば、むしろ清々しくもあった。

「では、今週の森田さんへの宿題はもうわかりましたね。」

「はい。部下に仕事を依頼するときは、他の仕事との関係や仕事内容、仕事量などが大丈夫かを話し合うこと。あとは、仕事の進捗状況をいつも気にかけ、問題が起きていないかを確認します。」

佐々木は笑顔で言った。

「森田さん、今回の内容をしっかりご理解いただけたようですね。それともう一つは…。」

「あっ、あとは部下のみんなに感謝の気持ちを伝えます。」

「そうですね。ぜひ先月の宿題も継続して行って下さいね。森田さんの態度が変われば部下の皆さんも徐々に変わってくるはずです。
森田さんの愛情がだんだん皆さんに伝わっていって信頼関係が生まれてきますよ。」

代々木はそう言ってウインクした。
森田は、さっき『上司からの愛情』という言葉を恥ずかしくて飲み込んだことがバレていたことに気づいてドキッとした。カウンセラー代々木とは、何者なんだろうか・・・。
そんな森田の気持ちをよそに、代々木は続けた。

「サウンド・オブ・ミュージックの中にこんな言葉があります。

信頼は、新しいエネルギーを生みだす。これまで自分でも知らなかった心の深みがあらわれる。意志を堅固にし、目的にむかって焦点をあわせてくれる。
さらにいえば、不可能を可能にする力をあたえてくれるのだ（注4）

森田さんと部下の皆さんの間に信頼関係が生まれたら、森田さんの職場に新しいエネルギーが満ち溢れるはずですよ！」

コラム 3

●あなたの職場に奇跡を起こす魔法の質問

質問７：あなたがストレスを感じたときや悩みがあるとき、誰に相談しますか？

質問８：あなたの答えの中に『上司』が入ってない場合、なぜ上司に相談しないのでしょうか？

質問９：あなたが『相談したくなるような上司』とはどんな上司ですか？

●今日のレッスン

思いやりや愛情を持って部下に接しましょう。そうすることで部下との間に信頼関係が生まれるでしょう。

また、常に気にかけることで、あなたの部下が気軽に相談しやすい環境を作りましょう。

もし部下に相談されたら、それがどんな相談であっても全力で力になってあげてください。

第3章　自分のキャラクター

今回のカウンセリングで、森田は自分が嫌いだと思っている上司と同じことを自分がやってしまっているということに、初めて気づいた。
いつから自分はこんな風になってしまったのだろうか。
考えてみると２年前に課長になり、はじめて部下を持ち仕事量と責任が一気に重みを増したときからではないだろうか。
自分のことで精一杯で部下に気を留めることもできず、切羽詰っていることを上司に相談することもできず、限界ギリギリで過ごしてきたこの２年間の間に、私はどんどん自分自身が嫌いな上司になっていったのだ。
そうして、部下がどんどん辞めていくという今の状況に至ったのだ。

もし、私が自分の上司にこのことを相談できていたら、この状況は変わっていたのだろうか。
もし、部下のことをもっと気に掛ける余裕があったら、今の状況は起きていなかったのだろうか。

自分が嫌いなタイプの上司に自分自身がなってしまっていたという事実。私自身がそうだったように部下のみんなもそんな上司である私のことが嫌いなんだろう。
そう考えるとショックや申し訳なさで頭の中がぐるぐると回った。

カウンセリングの宿題が書いてある手帳をパラパラとめくった。この手帳を見ると、カウンセリングを受けた後のようにプラス思考を取り戻すことができるのだ。
すると前回代々木に教えてもらった名言が目に入った。

そうだ。信頼は不可能を可能にする力があるんだ。まだきっと遅くないはずだ。
今の自分にできることは部下に対して態度を改めることだ。いつの日か、部下たちは森田が上司で良かった！と思ってくれるかもしれない。
そう考えると、少しだけ心が軽くなるような気がした。

宿題は次の日から早速実行した。
前回のカウンセリング後から感謝の気持ちを伝えたりし始めたものの、森田は今までほとんど部下たちとコミュニケーションをとっていなかったので、少し不安な気持があった。
でも、やるしかないのだ。
自分がやらなければ、状況は何も変わらないのだ。
自分が変われば、職場は良くなる。と何度も自分に言い聞かせた。
今回も斉藤に仕事を頼むことからはじめた。やはり森田にとっては、彼が一番話しやすいのだ。

「今日中にこの資料とこの資料をまとめて欲しいんだけど、できそうかな？」

今までは、「はい、これやっといて」という感じだったが、現在仕事を受け入れられる余裕があるかを確認することからはじめてみた。

「ええと…こちらの資料は今日中にできると思いますが、もしかしたら、こちらは今日中には終わらないかもしれません。」

いつもと違う様子の森田に戸惑いながらも斉藤は答えた。

「そうか、分かった。ではこちらは今日仕上げて、こっちは明日の午前中までだったらできそうかな？」

「それでしたら問題ないと思います。」

「じゃあよろしく頼んだよ。」

「はい！」

「あ、もし何か問題があったら言ってくれよ。相談にのるから。」

斉藤は驚いて大きな目をさらに見開いた。

「は、はい。ありがとうございます。」

そう言った斉藤はとても嬉しそうだった。
今まで仕事を依頼して、こんな嬉しそうな反応をされたことがあっただろうか。
まぁ、今まではろくに目も合わせなかったから、どんな表情をしているのかなんて見ていなかったからな。

斉藤の反応を見て、森田は今自分が向かっている方向は間違っていないと思えた。
それにしても確認してみるものだな、と森田は思った。あの量だったら今日中にできるだろうと思っていたのだ。でも事前に確認してみると、明日までかかるかもしれないとのこと。これで森田も『何で今日中に終わらないんだ』とイライラすることもなくなるし、斉藤も期限のプレッシャーから少し解放されるだろう。
今までは、仕事を与えると同時にプレッシャーも与えてしまっていたのかもしれないな。
逃げ道のない仕事依頼は、重いプレッシャーとなり、それがストレスになってみんなを追い詰めていったのかもしれない。
相手が状況を説明する機会を与えることの重要さを森田は感じていた。

そして驚いたことに斉藤は、２つの仕事をその日中に仕上げてきた。
仕事を受け取るときに忘れてはいけないのは感謝の言葉。

「早かったね。ありがとう。助かったよ。何も問題はなかったかな？」

斉藤は自分が言った時間より早くできたということに満足したようで、森田の言葉を聞いてとても嬉しそうだった。

「問題は全くありませんでした。でも、何かあったら課長に相談できると思ったら、すごく仕事がやりやすかったです。ありがとうございました。」

素直な性格の斉藤は、すっかり変化した森田のことを受け入れてくれていた。
もちろん、部内の全員が斉藤のようではない。まだ森田が乗り越えることができない高く積み上げられた心の壁をもつ部下がいることも事実だ。でも、日々の積み重ねでしか信頼を築くことはできない。
森田はすこしでも変化が感じられることが嬉しかった。

斉藤の様子を見ていて、森田はこんなことを思った。
仕事量や内容を相談して決めることで、仕事というのが『上司から一方的に与えられるもの』から『自分も関わっているプロジェクト』に変化するのではないだろうか。
そして、そのプロジェクトを進める部下たちを気にかけることで、部下が上司のことを『プロジェクト』を一緒に進める仲間やチームリーダーとしてみてくれるのではないだろうか。
いつでも相談できる相手がいる、というのは仲間がいるということだ。
上司を仲間と感じることができていつでも相談できたら、それは心強いよなぁ・・・と、自分が部下だったころのことを思い返していた。
自分の苦労をわかってくれている人がいるという心強さもありそうだ。
森田も以前は、上司から自分の努力を全く理解していないようなことを言われたり、いま抱えている仕事量を全く無視して、さらに仕事を依頼されたことがあり、本当にストレスが溜まったものだった。
今ならその当時の上司の気持ちも少し分かる。きっと上司は上司で大変だったんだろう。
でもそういった上司が、自分みたいな上司を生み出してしまう原因にもなるんだ。
悪循環は自分で断ち切るのだ、と森田は強く思った。

一週間続けていくと、少しずつではあるが部下たちの態度が変わり始めていた。
はじめはみんな遠慮して質問をしてくることもなかったのが、徐々に仕事の途中で相談に来るものも出てきた。
部下たちに変化があったように、森田の心にも変化があった。
部下たちが相談に来てくれることを嬉しく感じるようになったのだ。以前は部下たちとのコミュニケーションが苦手でしょうがなかった森田には驚くべきことだった。

そうして３回目のカウンセリングの日が訪れた。

「代々木さん、徐々にですが職場が変わってきましたよ。最近は少しずつ仕事内容の相談をしてもらえるようになってきました。」

森田は代々木にこの１カ月での変化を伝えた。

「私は今まで部下とのコミュニケーションは面倒だと思っていました。ですが始めてみると悪いものではないなって感じるのです。」

「悪いものではない、といいますと。」

「同じ仕事は仕事なんですが、仕事を依頼するときにいろいろと話し合ったりすることで、一緒にプロジェクトを進める仲間という気持ちになるんですよ。そうすると、職場の居心地がよくなるといいますか。」

代々木には森田の明らかな変化が顔の表情からもよくわかった。

「部下の皆さんを仲間と感じるようになってきたということですね。それは、部下とのコミュニケーションを避けてきた森田さんには大きな変化でしたね。部下の皆さんの反応はどうでしょうか？」

森田は最近の職場を思い浮かべていた。部下たち一人ひとりの顔を。

「一番古株の斉藤という部下はものすごく素直な性格なんですが、その斉藤はとても嬉しそうな反応をしてくれます。あとは、少しずつですが私に笑顔を見せてくれるようになった者もいます。でも、急に私の態度が変わったもので疑心暗鬼になっているような者がいるのも事実です。今まではそこまで部下たちの変化を感じ取ることもなかったと思うのですが、最近は部下とのコミュニケーションを重要視しているので、いろんなことを感じられるようになりました。」

「みなさんの変化を感じられるようになったというのは、とてもよい兆候ですね。このまま続けていけば、疑心暗鬼になっている部下の方たちにもきっと届きますよ。」

「そうだといいですね。それから、もう一つ変化があったのです。それは、職場内の仕事のスピードが上がったんです。」

森田はこのところ不思議に思っていたことを代々木に伝えた。

「いろいろと確認をしながら仕事を依頼したり、作業をすることで、仕事を抱え込んでしまったり、作業中に一人で悩んだりする時間が減ったりと効率が良くなった、なんていうこともあるのかもしれませんね。」

「コミュニケーションをとるだけで、仕事のスピードまで上がるなんて思いもよらなかったんです。昔から上司にコミュニケーションの重要性というのは教えられてきたはずなのですが、コミュニケーションにおける大切なことを見落としていたように思います。」

「大切なこととは？」

「コミュニケーションは、自分がどんな心で接するかということが大切なんじゃないかなと今は思っています。」

「それはとても大切なことに気づかれましたね！どんなコミュニケーションのテクニックを使っても、案外心の中というのは表に出てしまっているものです。

それでは、今日は森田さんが部下の皆さんや他の皆さんと接するときにどんな性格やキャラクターを持っているのか、部下の皆さんにどんな印象を与えているのかを考えてみましょう。

人が他の人に対して表す性格をここでは『対人キャラクター』と呼びます。
森田さんも『友達の前』と『奥さんの前』と『部下の前』では全く同じように接するということはありませんよね。それぞれの人に対して森田さんが「出している性格が『対人キャラクター』です。」
例えば私ですと、森田さんの前では『穏やかなで落ち着いた』キャラクターだとします。でも妻の前では結構『おしゃべり』だったりします。そしてペットの犬の前では『超デレデレ』。そんな風に接する相手によって、その人の中にある異なるキャラクターが引き出されるものです。

では、森田さんはご自身が基本的にどういった性格だと思いますか？森田さんの性格を一言で言うなら・・・という感じで。」

「えーっと、真面目、あとは頑固、ウソはつきません。」

「ウソをつかないというのは誠実とも言えますね。もう少しありますか？」

「あとは、心配性で割と慎重な方だと思います。」

「なるほど。今あげていただいたのは、
真面目
頑固
誠実
心配性
慎重
ということになりますね。
これらの性格についてご自身でどう感じますか？」

「学生のころはもっと大雑把だったり、冒険したりするのが好きだったような気がするのですが、長い間会社で働いているうちにすっかり堅実になったというか、つまらない人間になったなぁというような気がします。昔、なりたくないと思っていた大人になっているというか…。」

「堅実になったということは、家庭や職場などで責任を背負ってきたことで責任感が高まったと言えるのではないでしょうか。

では、ご家庭内での森田さんはどんな『対人キャラクター』ですか？」

「家庭内ですか…家内にはついつい職場の愚痴を言ってしまうことがあ

ります。甘えてるんですかね…弱い部分を見せてしまうというのでしょうか。」

「奥様には甘えから職場の愚痴を言ってしまうと、他にはありますか？」

「家内にはせっかちだと言われることもありますね。あとは、最近は少し涙もろくなったように思います。映画を見ていると以前は泣くことなんてなかったのですが、恥ずかしながら最近はしょっちゅう涙ぐんでいます」

「では、ご家庭内での森田さんの対人キャラクターをまとめていきますと、
甘えん坊
せっかち
涙もろい
となりますね。」

「そうやってまとめて聞いてみるとかなり恥ずかしいですねぇ。職場ではそんな姿見せられないな。」

森田は恥ずかしくなり頭をかいた。

「いいんですよ。みなさん家庭内ではリラックスしているのです。会社で着ていた鎧を脱いで、心の底からリラックスしている証拠ですよ。」

「そうですね。そういう姿でいられる場所があるっていうのは大切な事かもしれませんね。」

「では、次は嫌いな人にはどんな『対人キャラクター』で接していますか？今までの人生の中でもう二度と顔も見たくない方はいませんでした

か？もしそういった方がいたら、そういう方を思い浮かべてみると考えやすいと思います。」

「嫌いな人ですか・・・、そこまで嫌いっていう人はいないんですが、どうしても苦手だなぁって言う人はいます。できれば、一緒にいたくないなぁっていう。そういう人に対しては、どうしても無口になってしまいますね。あとは、なるべく関わり合いにならないようにって思っています。」

「なるほど、森田さんの嫌いな相手への『対人キャラクター』は、
無口
消極的
となりますね。」

「とにかく、できるだけ触れ合わないようにっていう感じですね。」

「それでは次に、好きな相手にはどんな『対人キャラクター』で接していますか？同じように実際の相手を思い浮かべると考えやすいですよ。」

「好きな相手には、優しくします。好きな相手とは楽しい話をして楽しい時間を過ごしたいと思いますし、何かあったら力になりたいなと思ったりもします。」

「まとめると好きな相手への『対人キャラクター』は
優しい
明るい
親切
となりますね。

今まで出てきた森田さんの『対人キャラクター』は、
真面目、頑固、誠実、心配性、慎重
甘えん坊、せっかち、涙もろい、
無口、消極的
優しい、明るい、世話好き
となりますね。」

「自分の中にそんなに違った性格があるなんて考えもしなかったな。自分がどんな人間なのか分からなくなっちゃいましたよ。」

「森田さん、そんなことはないんですよ。誰でもそれぞれの相手に対して、自分の中に持っている違ったキャラクターの中から使い分けをしているんです。
自分の中にたくさんの『対人キャラクター』の引き出しがあり、相手によって自分でも気づかないうちに自然にその人に合わせた引き出しを選んでいるんです。」

「そうだったんですね。こうして考えてみるまで、いろいろな人に対して自分が違う風に接しているとは思ってもみませんでした。」

「森田さんが意識していたご自身のキャラクターは、一番初めに教えていただいたものだったと思います。でも本当はもっとさまざまな『対人キャラクター』が隠れていましたね。

では、森田さんが『この人には嫌われているな』と感じるのはどんな『対人キャラクター』を感じたときでしょうか？」

「嫌われているなと感じるときは、相手が無口だったり、冷たかったり、不親切な感じがするときですかね。」

「では逆に『この人には好かれているな』と感じるのはどんな『対人キャラクター』を感じたときでしょうか？」

「やはり、親切にしてもらったり、思いやりを感じたり、また信頼されていると感じるときですね。」

「さきほどの森田さんが『嫌いな相手に出す対人キャラクター』は無口、消極的でしたよね。そして、『嫌われていると思う相手から感じる対人キャラクター』は無口、冷たい、不親切となります。
森田さんが『嫌いな相手に出す対人キャラクター』と、『嫌われていると思う相手から感じる対人キャラクター』を見比べるとどんな感じがしますか？」

「とても似ていると思います。印象としてはほとんど同じと言ってもいいんじゃないかな。」

「そうですね。ということは、『対人キャラクター』というのは、森田さんが一方的に発しているのではなく、相手もそれを感じ取っていると言えるのではないでしょうか？」

「確かにそんな気がします。でも、無意識にでも嫌いだと思って接していたことが相手にも伝わってしまっているなんて気まずいですね。」

「また、同じように森田さんが『好意を持っている相手への対人キャラクター』と『好かれていると感じるときの対人キャラクター』も似ていますよね。

森田さんが『好かれていると感じる相手』と接しているときはどんな気持ちがしますか？」

「一緒にいて楽しいですし、安心感があって、いろいろと受け入れてもらえそうな感じがします。」

「『好かれている感じがする』というのは、受け入れてもらえそうな安心感を感じられるということができそうですね。

それでは、職場での森田さんはどんな『対人キャラクター』を出していますか？」

「ここに来る前の私は、職場では『無口』で『せっかち』で割といつも『イライラ』していました。目の前の目標を果たさなければならないのに、それがうまくいっていないことのストレスで一杯だったんです。」

「それでは、その『無口』で『せっかち』でいつも『イライラ』していた森田さんが職場にいることは部下の皆さんにはどんな影響を与えていたと思いますか？部下の皆さんの気持ちになって考えてみてください。」

「そんな人が一人でも職場にいて、しかも上司だったら息が詰まりますね。会社に行くのも嫌になってしまいそうです。よく考えてみると、嫌いな相手への『対人キャラクター』に似ている感じもします。」

そう言い終えた森田は自分の言葉にドキッとした。
私の部下たちは息が詰まっていたのだろうか？森田から嫌われているとも感じていた。そして職場に行くことが辛くなってしまったのだろうか…。

私が毎日イライラしながら職場で過ごしていたことが、部下が次々とやめて行った原因？
そして、部下が辞めることで上司にも文句を言われてさらにイライラしていた私…。完全に悪循環じゃないか。

「『対人キャラクター』というのは無意識に自分で出してしまっているものなので、自分でそれを意識するというのはなかなか難しいのです。
でも、その無意識に出してしまっているこの『対人キャラクター』が実は周りに大きな影響を与えます。」

「そうだったんですね。
今、初めて私の部下がどんどん辞めて行った理由が見えてきたような気がしました。」

「でもね森田さん、影響があるというのは悪いことばかりではないのです。
それでは、森田さんが職場で見せていた『無口』で『せっかち』でいつも『イライラ』している『対人キャラクター』をどんな風に変えたら、職場の雰囲気を良くすることができるでしょうか？」

「誠実に思いやりを持って、いつも何かあったら助けてあげるような気持ちの上司が職場にいたら、職場の雰囲気は良くなりそうな気がします。」

そう言いながら、今まさにそこへ向かっているところだ、と森田は思った。

「それは、森田さんが好意を持っている人に接するときの『対人キャラクター』に似ていますね。その気持ちが部下のみなさんに伝わるとどうなるのでしょうか？」

「部下のみんなが私から信頼されているとか、好かれていると感じてくれたらそれぞれの自信にもつながりそうな気がしますし、そういった上司には問題が起きたときにも受け入れてもらえそうな安心感をもってもらえると思います。」

「そうですね。森田さんが職場での『対人キャラクター』を変えることで、部下の皆さんは職場でリラックスして仕事をすることができそうですね。
リラックスして仕事ができると、仕事の能率はストレスを感じているときに比べて数段上がるそうです。
また、森田さんの仕事の依頼方法や確認などで安心感を得ることができ、部下の皆さんも心を開きやすくなってきたのではないでしょうか？
これで、仕事のスピードが上がったことや、職場の空気が良くなった秘密がわかったでしょうか？」

「なるほど…。すべてのカギは私が握っていたんですね。」

「そうなんです！すべてのカギを握っているということは、職場をよくするカギも森田さんが握っているということなんですよ。

では、今日はここまでにしましょう。
今日の宿題は、部下の皆さんに見せている『対人キャラクター』を意識することです。
それから？」

「部下が仕事内容にストレスを感じないようきちんと話し合うこと、また感謝の気持ちを伝えること、ですよね。」

「その通りです！森田さんの職場が、みんなから憧れられるような職場にまた一歩近づきましたね！

ウィリアム・ジェームズさん（注5）はこんなことを言っています。

心が変われば行動が変わる
行動が変われば習慣が変わる
習慣が変われば人格が変わる
人格が変われば運命が変わる
運命が変われば人生が変わる

森田さんの心が変わればこれからの人生が大きく変わりますよ！」

コラム　4

●あなたの職場に奇跡を起こす魔法の質問

質問10：あなたはどんな性格ですか？ 5つ挙げてください。

質問11：家庭（家族の前）でのあなたはどんな『対人キャラクター』ですか？

質問12：嫌いな相手にはどんな『対人キャラクター』で接していますか？

質問13：好きな相手とはどんな『対人キャラクター』で接していますか？

質問14：あなたは職場でどんな『対人キャラクター』を見せていますか？

質問15：あなたの職場での『対人キャラクター』は部下にどんな影響を与えていますか？

質問16：質問14で答えた『対人キャラクター』をどのような『対人キャラクター』に変えると、あなたの部下に良い影響を与えることができるでしょうか？

●今日のレッスン

あなたがどんな『対人キャラクター』で周りと接しているのか確認しましょう。

とくに仕事でストレスを感じているときや目標や課題に向かっているときには、普段のあなたとは違った『対人キャラクター』が出てくることがあります。良い状況のとき、悪い状況のときの両方を見比べてみましょう。

そしてあなたの態度が職場でどんな影響を与えているのかイメージしてみましょう。

第4章　パワハラ

無口でせっかちでイライラしている上司、自分が嫌ってきた上司から職場で感じていた印象と同じではないか…。

森田は今まで接してきた上司たちを思い浮かべていた。
部下のことを考えず、深夜まで残業しないとできないような仕事を計画性もなく突然振ってきたり、ミスがあると自分のことは棚に上げて部下のせいにしたり。
自分の思うように仕事が進まないと、明らかにイライラした態度で接してきたり。
そんなイライラした空気を感じていたため、質問したいと思ってもできなかった。
そのせいで余計に仕事に時間がかかってしまうこともあった。
そしてまた「遅い！」と上司から文句を言われるのだ。

真面目で責任感のある性格だから、与えられた仕事には一生懸命取り組んできたし、自ら残業して無理をしてでも求められた期日に答えるようにしてきた。
そういったことをしていると、やはりストレスはものすごく溜まる。
あの頃はよく同僚と飲みに行っていた。話すことと言えば上司の悪口ばかり。
そうして憂さ晴らしをしないと、ストレスに押し潰されそうだった。

たまに森田に対して良くしてくれる上司がいても、その上司が他の同僚に理不尽なものの言い方をしていると、自分が言われたわけではなくてもその上司への信頼はなくなった。

でも、会社なんてそんなものだと自分に言い聞かせて今までやってきた。
職場は、上司は理不尽なものなんだ。
分かり合えることなんてありえない。でも生活があるからなんとか必死で耐えるのだ、と。

自分の心がどんどん枯れていくのを感じていた。あきらめにも似たような気持ちだった。
親しい同僚は私が職場でどんどん無表情になっていくのを感じただろう。いちいち感情を持っていたらやりきれなかったのだ。それが自分の心を守る唯一の方法だったのかもしれない。

転職することを考えたことは何度もあった。でも再就職先に希望を持つことさえできなかった。
もし仮に、条件の良い引き抜きの話があったら私だってこの会社をとっくに辞めていただろう。
自分はここにいることしかできない。だからこの理不尽さに耐えるのだ。耐えていればいつかは自分が上司となり、今の状況からは脱出できるはずなんだ。
そんな風に思っていた。
それなのに今、自分はそれらの上司と同じ、いやそれ以上にひどい上司になっていたのではないか。
森田はそんなことを考えていたら、辞めて行った部下たちのことが頭に浮かんでいた。

部下のみんなも息が詰まる思いをしていただろう。
私に悩み事を相談してみようなんて思わなかっただろう
毎日飲み屋で私の悪口を言っていただろう。
そんなことは考えたくもないけれど、部下がやめていった事実がそれを裏付けている。

彼らは今どうしているのだろうか。
無事に新しい職場を見つけることができたのだろうか。新しい職場ではうまくやっているのだろうか。

カウンセリングに通うようになり、現在の部下たちと少しずつではあるがコミュニケーションが取れるようになった。一度離れてしまった部下からはすぐに信頼を取り戻すことはできない。でも部下たちの笑顔が少しずつ職場で見られるようになってきた今だから、ことさら辞めていった部下たちに申し訳ないことをした、という気持ちがあふれ出していた。

手帳をめくり、カウンセリングで学んだことを見直した。

私の心が変われば、人生が変わる。
私が変わることで、部下のみんなの人生も変わるのだろうか？

そんなことを考えながら１カ月をすごし、またカウンセリングの日が訪れた。

「森田さん、この１カ月はどうでしたか？」

「この１カ月は、前回教えていただいたように自分の言動を意識して過ごしました。そうすると、部下全体に対する態度とはまた別に、それぞれの部下によっても微妙に違った『対人キャラクター』を見せているのではないかと思いました。最近は部下たちとコミュニケーションをとったり観察するようにしているので、それぞれに合わせて少し変えている自分というのに気づきました。」

「なるほど、部下全体ではなく、部下の一人ひとりに違ったキャラクターを出しているということに気づかれたんですね。
その後の職場の雰囲気はいかがですか？」

「職場の雰囲気は以前とは比べ物になりません。活気が出てきたように思います。私と部下の関係だけでなく、部下同士もより仲良くなったというか、チーム感が出てきたなと感じます。代々木さんが言っていたように、上司である私が職場をよくするカギを握っているというのは、本当に痛感しています…。」

「職場全体がチームのようにまとまってきているんですね！効果が目に見えてくると、宿題も楽しくなってくるのではないでしょうか。

ただ職場の様子はとても良さそうですが、森田さんの表情がなんだか晴れませんね。何かあったのでしょうか？」

「職場の雰囲気はこのカウンセリングに通うようになって本当に改善されました。もちろんすべての部下が私に心を開くようになったとは言えません。でも以前と比べるといきいきと仕事に取り組んでくれているのを感じます。そんな部下たちの変化を見ていると、辞めて行った部下たちのことを考えてしまうのです。
以前は『すぐに辞めるなんて根性がないやつだ！』なんて思っていました。ですが、私の態度が変わったことでこんなにも部下たちや職場に変化が出てきたということは、今まで部下たちが辞めて行った原因が私にあったということは間違いないように思います。そう思うと、今まで辞めて行った部下たちに本当に申し訳ないことをしてしまったなと思っているんです。」

「そうでしたか。現在の部下の皆さんとの関係が良くなったことで、すでに辞めてしまった部下の皆さんにもっと違った対応ができたのではないか、と後悔していらっしゃるんですね。

それは、森田さんが部下のみなさんが退職されたことの理由が森田さん自身にあったかもしれないということを森田さんが受け入れることができたということです。」

「そうですね。ここに来るまでは、なんで私の部下ばかりが辞めるんだろう？と他人事のように思っていましたから。」

「これは森田さんの職場に奇跡を起こすための本当に大きな一歩なんです。森田さんがこのことに気づき受け入れることができたということは、このカウンセリングもゴールに近づいてきているということなんですよ。」

「正直、受け入れるのはかなり辛かったですけどね…。でもこれ以上辞める必要のない部下が辞めてしまうことや、部下に職場で息苦しい思いをさせないために、受け入れることができたことを嬉しく思いますよ。」

「そうですね。自分の思考というのはどうしても自分の都合の良いように考えてしまいがちですから、いろんなことが見えなくなってしまうことがあります。でも部下の皆さんのために、辛い事実を受け入れることができた森田さんは充分ステキな上司ですよ。

それでは、今まで退職された部下の皆さんのような方を今後は出さないために、今回は『どうして部下の方々が退職したのか』を考えていきましょう。

森田さんはそれぞれの部下の皆さんにどのように接していましたか？退職された部下の方を数名でよいですので、一人ひとり顔を思い浮かべながら考えていきましょう。」

「辞めていった部下ですか…。一番最近辞めたのは、新人の中野君です。まぁ私の課は何しろ回転が速いのでみんな新人みたいなもんですが…。中野君は入社してから半年ほどで退職してしまいました。」

「中野さんにはどのように接していましたか？」

「中野君は、今どきというか、やる気があまり感じられなかったんです。だから、今思うとついつい最初からうるさく言ってしまっていたかもしれません。
彼も私が『まだできてないのか！』なんていう風にせかしたりすると、『うるせえな』っていう態度なので、私もまたさらにイライラしてしまって高圧的な態度をとってしまっていたかもしれません。
後半は冷戦状態と言いますか、お互いに無視に近い状態でした。
中野君に関しては、明確な退社理由はわかりませんが、不満がありそうなのは感じていました。今思うと本当に申し訳なかったなと思います。」

「中野君には、『口うるさく』『イライラ』と『短気』で『高圧的』な『対人キャラクター』で接していたということですね。
では、この森田さんの『対人キャラクター』は中野さんにどのような影響を与えていたと思いますか？」

「中野君は入社間もない５月ごろに寝坊で遅刻しました。そのときはかなり強めに注意しました。そのことがあって私は中野君を『今どき風でやる気がない部下』と決めつけてしまっていたのだと思います。
中野君の見た目やちょっとした態度で判断してしまって、本当の彼を理解しようとはしていませんでした。それが中野君のやる気を削いでしまったのではないかと思います。わずかな期間や少しのミスで上司の私にダメと決めつけられているのを感じてしまったら、はじめはやる気があったとしてもなくなってしまいますよね。」

「そうですね。入社後間もない５月の寝坊ということですから、新しい職場でのストレスから五月病になってしまっていた、なんていう可能性もありますよね。五月病というのは、憂うつな気分になったりと様々な症状があるのですが、睡眠障害というのもあるんです。」

「同じ寝坊といってもいろいろあるんですね。五月病か…考えもしなかったな。寝坊っていうだけでやる気がないなんて決めつけてしまったのは間違いでしたね。」

「では、もう一人思い出してみてください。」

「中野君のひとり前に辞めたのが、清水君です。清水君は女性の部下で、おっとりしたタイプでした。」

「清水さんにはどのように接していましたか？」

「清水君は、事務処理があまり早くなかったのでメインの営業の仕事というよりは、雑用をお願いすることが多かったように思います。
私は職場では無口でしたから、こちらから積極的に話しかけることはほとんどありませんでした。
清水君の方からも特に必要以上に話しかけてくることはなかったと思います。
でも、清水君が入れてくれたお茶はいつもすごくおいしかったのを覚えています。
なぜもっと『ありがとう』と感謝の気持ちを伝えなかったのか、今は後悔しています。」

「では、もう一人思い出せますか？」

「清水君の前に辞めたのが、吉田君です。吉田君は新卒で入社しました。そして３日で来なくなってしまったんです。理解不能でした。」

「吉田さんが出社した３日間の間にはどんなやり取りがあったか思い出せますか？」

「やり取りなんてあったかなぁ…思い出せませんね。」

「では、先輩や同僚とどんなやり取りがあったか、などは分かりますか？」

「これまた、今どきの若いやつは…なんて思っていたので、他の部下にそういった聞き込みはしませんでした。」

「なるほど、そういったときは他の部下の方に聞いてみると意外な理由が見えてくるかもしれませんね。」

そう言って一呼吸おくと、代々木はたずねた。

「では、森田さんは『パワーハラスメント』略して『パワハラ』という言葉をご存じですか？」

「なんとなくは知っています。上司が部下に対して、上司という立場を利用して苦痛を与えることで、よく問題になっていますよね。」

「そうですね、大体正解ですが、『パワハラ』とはこんなことを言います。」

●パワハラとは（注6）

職場のパワーハラスメントとは、同じ職場で働く者に対して、職務上の地位や人間関係などの職場内の優位性を背景に、業務の適正な範囲を超えて、精神的・身体的に苦痛を与える又は職場環境を悪化させる行為をいう。
（＊上司から部下に行われるものだけでなく、先輩・後輩間、同期間など様々な優位性を背景に行われるものも含まれる。）

「『パワハラ』の重要な点は、部下が苦痛であると感じた瞬間に『パワハラ』となってしまうので、人それぞれ感じ方も違えば体力も違うので、決まったボーダーラインがありません。

そのため、上司が自分を基準に考えてしまうと、その上司より心が繊細だったり体力のない人は苦痛に感じてしまいます。でも上司はそれを理解することができません。
そして、上司の方は何も気づいていないが部下の方は『苦痛だ』『パワハラ』だと感じている、という状態が起こってしまうのです。」

「確かに、人それぞれ得意不得意や限界値に差がありますよね。」

「そうなんです。人それぞれに違った魅力があるように、それぞれができることも違いますよね。
それでは、森田さんが退職された部下の皆さんにどんな風に接していたのかを振り返ってみましょう。

一人目の中野さんから始めます。

中野さんには、『口うるさい』『イライラ』『短気』『高圧的』な『対人キャラクター』で接し、また何かあると深く理由を聞かずに他の皆さんの前でお説教をしたりしていましたね。そのことに対するフォローなどはされましたか？」

「いいえ。特にフォローというようなことはしていませんでした。」

「こういった森田さんの態度や対応は中野さんにどんな影響を与えていたと思いますか？」

「口うるさくて、いつもイライラしてて、偉そうにしていて、ちょっとしたミスで理由も聞かずにみんなの前で注意するような上司がいたら、会社に行くのが嫌になるでしょうね。」

「仕事へのやる気はどうでしょうか？」

「嫌いな上司から与えられた仕事なんて、一生懸命取り組む気持ちにはなれないと思いますね。」

「森田さんはなぜ中野さんに対してこのような態度をとってしまっていたのでしょうか？」

「中野君に早く即戦力になってほしいという気持ちがありました。また、社会で強く生きて行けるようにもっと鍛えないといけないと思って、厳しくしていたのかもしれません。」

「なるほど。森田さんとしては、ある意味中野さんのためを思ってそういった厳しい態度をとっていたということですね。
それは、森田さんが今まで上司の方からそういった態度をとられていたからでしょうか？」

「そういわれてみると、私が入社したての頃はものすごく厳しく鍛えられました。これが社会の厳しさか…なんて思いましたよ。」

「その厳しさを感じて森田さんはどうでしたか？」

「やっぱりその上司のことは嫌いになりましたね。頭ごなしに決めつけられて、押さえつけられるような感覚でしたから。なんとなく上司とはそういうものだっていうのが植えつけられてしまっていたのかな。あんなに嫌いだったのに。」

「森田さんが上司からされたことと同じことを中野さんにしてしまっていた、ということですね。

先ほどの限界値の話ですが、厳しく鍛えることを受け入れることができる人、できない人がいますよね。森田さんは『鍛えてあげている』という気持ちで接していても、中野さんからすると『とても辛い状況に追い込まれている』という可能性もありますよね。それは、中野さんが『パワハラ』を受けていた、と感じていた可能性があるということです。」

「そんな…。私がパワハラの加害者だっていうんですか？」

森田は思わず、いつでもメモを取れるようにと持っていたペンを床に落としてしまった。

そんな、動揺した森田を優しく包み込むようなまなざしで代々木は続けた。

「『パワハラ』というのは、上司が加害者になっているということに気づくのがとても難しいのです。森田さんのようにむしろ『部下のため』と思っているにもかかわらず、結果『パワハラ』になっている場合も非常に多く、だから『パワハラ』が存在し、そしてなかなか無くならないのです。

森田さんと中野さんが全く同じ感覚の持ち主だったら、『こんなことをされたら辛いな』とか、『このラインを越えてはいけないな』ということもわかるのですが、人はそれぞれ違った感覚をもっていますので『森田さんが大丈夫と思うライン』でも中野さんにとってはラインを越えていた、ということがあります。
人によってはパワハラが原因で精神的に追い詰められてしまう、といったこともあるんです。」

「そうだったんですね。新しい環境に慣れることのストレスで五月病になっていたり、職場のストレスで睡眠障害になったとして、それで遅刻をしてしまって、また私に怒られたら・・・。逃げ場がなくなって、退職を考えるのは自然のことかもしれません。」

「そうですね。遅刻の理由が寝坊だとしても、みんなの前でお説教をする前にもう少し話を聞いてあげることができたかもしれませんね。」

「どうせ前の日遅くまで飲んでいたんだろう、なんて言っていたと思います。
私が中野君に『パワハラ』をしていたなんて…。」

森田はまだ心の整理がつかず呆然としていた。

「中野さんについてもう少し考えてみましょう。後半は冷戦状態でほとんどお互いに無視しているといった感じだったとおっしゃっていましたね。」

「はい。中野君の態度は日に日に悪くなっていったように感じました。
私とほとんど目も合わせないし、仕事を依頼するときも最低限しか話さなくなりました。」

「森田さんの中野さんへの態度はどうだったのでしょう？」

「私はそんなに態度を変えたつもりはありませんでした。ですが、中野君が目も合わせてこないし無口でいたので、私も他の部下と接するときよりもさらに口数は少なかったと思います。職場ではそんなにしゃべらない方なんですが。」

「森田さんが今おっしゃったように、ご自身では他の部下の皆さんと同じように接しているつもりでも、よく考えてみると他の部下の方とは違ったように接していることって案外よくあることなのです。
先月のカウンセリングの後、部下それぞれに違ったキャラクターを出されていることにも気づかれましたよね。」

「そう考えると、中野君に対して出していたキャラクターは『嫌いな人に出すキャラクター』に似ているようにも思います。中野君はそれを感じていたかもしれませんね。」
「森田さんがほとんど意識をしないでいることでも、相手を傷つけてしまっているということもあるのではないでしょうか？

例えば、森田さんが部下の立場だとして考えてみてください。上司に部署のみんなの前でお説教をされました。それも、きちんとした理由も聞かずに決めつけた理由で頭ごなしに。
そんな風にお説教をされたものだから、その上司のことは怖いし嫌いになってしまいました。
職場でもなるべく話しかけられないように、目を合わせないようにしました。目を合わせたら、また何か怒られるんじゃないか、と思っていました。
その上司はさらに冷たくなっていきました。他のみんなには、親切にしていることもあるのに、自分のことだけは無視しているような感じがします。
どんな気持ちがしますか？」

「なんだか自分だけ嫌われてのけ者にされたような気持ちです。なんで自分ばかりこんな目にあうんだろう、と思います。」

「では、森田さんはこの上司にどう変わってほしいと思いますか？」

「まず、何か失敗したときに頭ごなしに怒らずに、説明をするチャンスを与えて欲しいですね。
あとは、みんなの前で大げさに説教をするのではなく、二人だけで話し合う機会を設けて欲しいなとも思います。

あと、自分から接するのが気まずくなっているのを察して上司の方から少しでも歩み寄ってくれたら嬉しいなと思います。」

森田は新人だった頃、自分の上司にこんな風に変わってほしいと願っていたことを思い出していた。新人だった自分と中野を重ね合わせながら。

「森田さんが中野さんに対してそういった対応ができていたら、中野さんは今でも部下として森田さんの職場にいたかもしれませんね。」

「入社間もないころなんて、ただでさえ上司と接するのは緊張してしまう時期です。もっと中野君の話を聞くことを心がけるべきでした。みんなの前で説教されるというのはプライドも傷つきますよね。私自身同じ経験をしてすごく嫌な思いをしたことを思い出しました。
あとは、様子がおかしかったら私の方から時間を取って話を聞く必要がありますね。部下の方から上司を呼び出して話をするなんて、どう考えてもハードル高いですよね。」

「自分が部下の立場で上司にこんなことをされたら、という風に考えてみると案外答えは簡単に見えてくるものです。
『パワハラ』というのは、上司が気づかないから起きてしまっているだけで、上司が一度気づけば職場からなくせるものなんです。
すでに退職してしまった中野さんを元に戻すことはできませんが、今までの間違いをきちんと見つめ直して、これからの職場のために生かして行きましょう！」

「そうですね…自分が部下だったときはいろいろ思っていたのに、すっかり忘れてしまっていたことが情けないです。
これからは、絶対部下にパワハラをしない上司にならなければ…。」

「そうです。気づくことがはじめの一歩であり、一番大切なことなんです。

では、二人目の清水さんについて考えてみましょう。
清水さんはおっとりしたタイプで、仕事のスピードが遅かったので、あまり重要でない方の仕事をお願いしていたということでしたね。」

「はい。清水君にはサポート的な仕事をお願いしていました。」

「サポートの仕事というのは、ファイリングやコピーといったような仕事でしょうか？」

「そうですね。まさにそんな感じです。職場の他の者も清水君にはいろいろとお願いしていたように思います。」

「そういった状況を清水さんはどのように思っていたと思いますか？」

「穏やかなタイプだったので、文句などを言っているのも聞いたことがありません。特に問題があったようには感じませんでした。職場での人間関係も悪くなさそうでした。だから、退職したいと言われたときは本当に驚きましたよ。」

「では、森田さんが部下の立場になってまた考えてみてください。
森田さんは上司からいつもメインの仕事とはあまり関係のない、簡単な誰でもできるような仕事ばかりを依頼されたらどんな気持ちがしますか？」

「う〜ん。認めてもらってないんだなぁと感じます。自分には他の人のような能力がないから、重要な仕事を任せてもらえないのかなぁなんて考えるかもしれませんね。」

「もし、そんなときに外部の会社からもう少し良い待遇で、しかも森田さんの能力を評価し、何かプロジェクトを一緒にやってほしいなんて誘われたらどうしますか？」

「そりゃあ、間違いなく誘われた方に行くでしょうね。だって、こっちの会社にいたところで上司が自分の能力を認めてくれないんだったら今後も期待薄ですしね。」

「そうですね、そんな風に思いますよね。これはあくまで一つの例ですが、清水さんがこんなふうに辞めていったということも考えることができますよね。

ちなみに、能力に見合った仕事を与えないというのも、『パワハラ』になる場合があるんですよ。」

「えーー！そんなことも『パワハラ』なんですか？」

森田は思わず大きな声を出してしまった。

「本当はできるかもしれないのに、『できないと決めつけてしまい重要な仕事に携わる機会を与えない』というのは上司であることを利用した『過小の要求』にあたります。部下の気持ちを傷つけてしまっていたり、やる気を削いでしまう原因になるんです。」

「確かに働いている間ずっと『お前は能力がない』って言われているように感じていたら傷つきますし、やる気なんてなくなりますよね。あぁ清水君に申し訳ないことをしてしまった…なんてことだ。」

森田はもう、頭を抱えるしかなかった。

「では、どんな職場だったらそんな条件の良い引き抜きの話がきても、断ろうと思うでしょうか？」

「上司が自分の能力を正しく理解してくれて、それに応じた仕事を任せてくれていたら嬉しいですよね。過大評価するわけでもなく。しかも、いつでも親身になって相談に乗ってくれるような上司だったら、その上司を離れようと思わないかもしれません。
もしそういった話があっても、まずその上司に相談するなんていうこともあるかもしれません。それくらいの信頼関係ができていれば、ちょっとした良い話がきても、断る可能性はありますね。」

「なるほど、上司との信頼関係が築けていたら、条件の良い話にも乗らないかもしれないということですね。『上司との信頼関係』というのはとても重要なキーワードだと思います。

では、上司との信頼関係はどのようにして築くことができると思いますか？」

「やはり上司がいつも気にかけてくれていて、何かあったら相談できるような姿勢を見せてくれていたり、問題が起きても一緒に解決してくれようとしたり、同じチームの仲間とか頼れるリーダーのような感じで接してくれていたら、上司との信頼関係は深まるように思います。」

「偉そうにしているだけでなく、部下の立場に立って一緒に問題を解決してくれたり、いつも見守ってくれていて、必要なときにはこちらから言わなくても助けてくれるような上司だったら信頼関係は高まりそうですね。

では、清水さんにどのようにすることができたのかを考えてみましょう。」

「そうですね。清水君は問題があるように見えなかったからなぁ。難しいですね。」

「なるほど、では清水さんの能力をどのように評価することができたでしょうか？」

「そうか。清水君のいれるお茶はいつもすごくおいしかったんです。もしかしたら作業のスピードは遅くても、一つひとつのことを丁寧にできるタイプの方だったのかもしれません。ファイリングなどの仕事をみんなが頼んでいたのも、清水君は丁寧にきちんとやってくれると思っていたからかもしれません。もっとそういうことに気づいて、本人の希望を聞いたり、能力に見合った仕事を与えることができていれば・・・。」

「そうですね。たとえ本人に不満があるように見えなくても、定期的にこちらから本人の希望を聞けるような状況が作れていれば、清水さんにもっと違うチャンスを与えることができたかもしれませんね。」

「本当にその通りです。中野君のように目に見えて問題がある場合もあれば、清水君のように一見問題がなさそうに見えても、本当のところは分からないということですね。」

「そうなんです。先ほどもお伝えしたように人それぞれ違った感覚があるように、表現方法も異なるのです。だから、分かりやすい方もいれば、自分の中にギュッと抑え込んでしまう方もいるんですね。」

「なるほど、それを引き出してあげられるかは上司の腕の見せ所ってわけですね。」

「そうなんです。もし自分がモヤモヤしているけれど、抑え込んでいるような感情に気づいて、寄り添ってくれるような上司だったら、部下のみなさんも心を開きやすそうですね。そうやって少しずつ信頼関係が高まっていくのではないでしょうか。

では、三人目の吉田さんについて考えてみましょう。」

「吉田君は３日で辞めてしまったからなぁ・・・本当に検討がつかないんですよ。」

「どのように辞めたのでしょうか？」

「３日だけ出社してそれ以降来なくなってしまいました。」

「では、退職の旨も伝えることなく、ということですね。出社しなくなった後に連絡はしたのでしょうか？」

「そりゃあしましたよ。出社しなかった当日から３日間、電話を掛けました。でも出ませんでしたね。」

「そうでしたか。では、その３日間の中で何か辞めるきっかけになるような思い出せることはありませんか？」

「そうですね…なにしろ３日間だからなぁ…。」

森田は細い記憶をたどった。吉田をみんなに紹介して、それから…。

「あ、そういえば、彼をみんなに紹介した少し後にすごく大きなミスをした部下がいて、それをものすごく怒った記憶があります。でも直接吉田君に何か言ったわけでもないしなぁ。」

「なるほど。入社してすぐ上司が部下を頭ごなしにみんなの前で怒っているところを見てしまったということですね。ひょっとしたら自分も近い将来同じ目に合うかも…なんてイメージしてしまった可能性もありますよね。」

「そうか、部下のみんなの前で説教をするということは、説教されている部下だけではなくて他の部下にも影響が及ぶということなんですね。」

「この場合は直接的なパワハラではありません。しかし、上司の態度によって間接的に強いストレスを感じてしまった、ということになりますね。そして未来に自分が受けるかもしれない理不尽な『パワハラ』を予感してしまった、と考えることもできます。」

「なるほど。見ているだけでも大きなストレスになってしまうんですね。感じ方は人それぞれですもんね。」

「そうですね。では吉田さんがどんな職場を３日間の間に見ていたら、辞めようと思わなかったでしょうか？」

「部下と上司の間に強い信頼関係があって、みんなが同じ目標に向かって助け合っているような職場の雰囲気を感じることができていれば、辞めたいとは思わなかったかもしれません。」

「そうですね。そのときの吉田さんがどんな状況だったのかはわかりませんが、そんな職場を見ることができていたら、３日で退職しようという結論にはなっていなかったかもしれませんね。

今日お話ししてきた中で、森田さんが気づかないうちに『パワハラ』の加害者になっていたかもしれない、ということはご理解いただけたでしょうか？」

「自分がまさか『パワハラ』にかかわっていた、それも『加害者』だったのかもしれないなんて考えもしませんでした。本当にショックですが、今までの自分の職場での言動を考えるとそれもあり得るということを認めざるを得ません。」

「では、これから『パワハラ』の加害者にならないためにはどういう風に変えるのが良いと思いますか？」

「まずは部下一人ひとりのことを理解するように努めたいです。そして能力や体力、適正などを自分だけで判断するのではなく、本人と話し合う機会を設けたいです。その時に部下が心をちゃんと開いて話してくれるような信頼関係づくりも必要ですね。
あとは、問題が起きたときには、まずじっくりと状況などを聞いたうえで一緒に解決策を探していきたいと思います。」

「それを実行することができたら、素晴らしい職場になりそうですね。
では今森田さんがおっしゃったことが今日の宿題になります。
きっと部下のみなさんとの間に『パワハラ』とは正反対の信頼関係が生まれてくると思います。

ロバート・グリーンリーフ（注１）さんはこんなことを言っています。

『よきリーダーは、まずよき部下にならなくてはいけない』

これは、良いリーダーになるには使われる立場を充分に理解している必要があるということを意味しています。

部下という立場の気持ちを忘れなければ、森田さんも素晴らしい上司になれますよ！」

コラム 5

●あなたの職場に奇跡を起こす魔法の質問

質問17　自分の部下にどんな『対人キャラクター』で接していますか。具体的に一人ひとりについて考えてみましょう。

質問18　あなたがそれぞれの部下に出している『対人キャラクター』は、それぞれの部下にどのような影響を与えていますか？

質問19　あなたが部下に出している『対人キャラクター』の中でパワハラにならないために修正したほうがよいと思われるものはありますか？またどう修正しますか？

●今日のレッスン

部下の適性を理解するように努め、あなたが知らないうちにパワハラの加害者になっていないかを確認しよう。

あなた自身が部下の立場になって考えてみると、いろんなことが見えてきますよ♪

第5章 聴く力・伝える力

まさか、自分が『パワハラ』の加害者になっていたなんて…。
カウンセリングを終えた森田はまだショックから立ち直れずにいた。

自分の『パワハラ』が原因で今まで何人もの部下が辞めていっていた、なんて考えたくなかったし、自分が『パワハラの加害者だった』という事実はなかなか受け入れ難いものだった。

『パワーハラスメント』というのをインターネットで調べてみると、『自殺』『裁判』『うつ病』『いじめ』など、森田には縁がないと思っていた言葉が飛び交っている。
このまま気づかずに続けていたら…。森田は背筋が寒くなるのを感じた。

『部下は上司の鏡。上司は部下の鏡。』

森田はカウンセリングの初日に書き込んだ手帳を見直していた。

そうだ。上司だけが職場に奇跡を起こすことができる。良くする鍵も、悪くする鍵も私が握っているのだ。自分が変わらなければ何も変わらないし、何も解決しないのだ。

逆に言えば、自分が変われば解決することができる。
みんながやりがいを感じ、生き生きと働けるような職場を作ることは夢ではない。今はできることを一つひとつやっていくしかないのだ。

自分にできることはなんだろうか。森田は考えていた。

今いる部下たちには、態度を改善して対応していくことができる。
もちろん、すぐにみんなからの信頼が取り戻せるとは思っていない。
今いるみんなも退職には至っていなかったものの、今までの森田の態度に少なからず傷ついているのかもしれない。一度負った心の傷はそう簡単には修復できないのは分かっている。
自分もそうだった。
いつも自分本位で厳しい態度の上司がたまに機嫌が良くて優しくしてきても、逆に『なにか企んでいるのか？』とか『どうせ今だけだろう』なんて思ったものだ。そして事実そうだった。

でも、あきらめずに続ければ、斉藤くんに少しずつ届いているように、他の者とも少しずつでも信頼関係を築いていけるのではないか。
これは、森田次第だ。もう以前のような『パワハラ』上司には絶対に戻らない。固く心に決めた。
職場に奇跡を起こすのだ。

でも、もうすでに辞めてしまった部下たちは傷つけてしまったままでいいのだろうか…。
森田は中野のことを思い出していた。

中野のことを何も理解しようとせず歩み寄ろうとしなかった自分の稚拙さを恥じた。

私は上司として何も役に立つことができなかったばかりか、彼を追い込んでしまっていた。
中野君ともう一度話がしたい、できることなら今までのことを謝りたい。
それで中野君の心の傷を癒すことができるのかは分からないけれど今自

分にできることはそれくらいだ。

森田は意を決して、中野に電話をかけてみることにした。
電話をかける手が少し震えているのを感じた。

「もしもし」

「あ、あの、えーと、森田です。はなまる商事の森田ですが。」

手も震えていたが、声もうわずってしまった。

「え？森田課長ですか？どうされたんですか？」

中野のかなり動揺した声が聞こえた。
森田は一回呼吸を整えて続けた。

「突然電話してしまって、申し訳なかったね。
いや、なに、その、会社を辞めてから１カ月くらいたったが、どうしているかなと思ってね。」

「え、あ、そ、そ、そんなことでわざわざ電話を？」

中野は電話を持つ手が汗ばむのと同時に、動悸がするのを感じた。
この感じ、いつも職場で課長と接するときと同じだ。
せっかく退職して平和を取り戻しつつあったのに、いったい何のつもりなんだ。
もう僕の人生を邪魔しないで欲しい。
中野は電話を早く切りたくてしょうがなかったので、簡潔に回答した。

「さ、最近は再就職先を探そうと思って就職活動を始めたところですが。」

「そうか、新しい職場はまだ決まっていなかったんだね。
今日、電話させてもらったのは、一言中野君にお詫びをしたかったからなんだ。」

「え？？？」

「一緒に働いているときに、私は上司として厳しく育てないといけないなんて勝手に思ってしまって、中野君に接していたのだけど、中野君にとってはとても辛かったのではないかと思ってね。中野君の話をきちんと聞くこともせず、みんなの前で怒鳴ったり、説教したりして本当に申し訳なかった。」

「！！！！！」

中野は状況がよくつかめずにいた。動悸は続いている。
課長が今までのことを謝るために電話をしてきた？
いつも職場では僕に対して特別に冷たい態度をとっていて、小さなミスでいつもみんなの前で見せしめのように怒鳴り散らしていた課長が？
そんなの信じられない・・・。

「もちろん、謝ってすむ問題ではないというのは、充分理解しているつもりだ。
入社したばかりで職場になじめていない中野君のことをもっと配慮して、助けるべきだったのに真逆のことをしていたんだから。
本当に申し訳なかったね。それをどうしても伝えたかったんだ。」

「は、はい。」

中野は困惑していた。まだこの課長の変化についていけない自分がいた。

「最近の自分の行いを見直してみたら、自分はとんでもない上司だったことに気づいたんだ。とんでもない『パワハラ上司』だったっていうことにね。」

「！！！！！」

中野は驚いていた。あの森田課長が自分のことを『パワハラ上司』だと認めたと言っている。
そうだ、森田課長はとんでもない『パワハラ上司』だった。
でも、今日の森田はあのときの面影が全く感じられなかった。それは声だけでもわかるほどだ。

「森田課長。本当に森田課長ですか？なんか別の人みたいですね。」

中野は動悸が少しおさまってきているのを感じていた。

「中野君、言いにくいっていうのはもちろんわかってるんだけど、もしよかったら教えて欲しいんだ。中野君が退職したのは私が原因だったのかな？」

なんてことを聞いてくるんだ！中野は驚いていた。
そんなの決まってるじゃないか！原因はたった一つ。課長だった。
でも、本当のことを言ったら、また以前の課長に戻っていきなりキレられるんじゃないか？
そんな気持ちがよぎった。
でも、森田の反省している様子や緊張しながら中野に電話してきている様子は中野にも感じ取ることができたので、思い切って本当のことを話してみることにした。
どうせもう会社も辞めたし上司でもなんでもないんだ。

「本当に言いにくいのですが…課長の顔を見るのが毎日怖くって怖くって。また失敗して怒られるんじゃないかって考えてしまうと、登校拒否みたいな感じで、家はちゃんと決まった時間に出るのですが、会社が近づいてくると動悸がしてしまって、足が前に進まなくなったりしたこともありました。なんだか、精神的に追い詰められたような感じがして、もう限界だ、辞めるしかないって思いました。」

言い切ったあと、ふぅっと力が抜けた。これは正直な退職理由だキレるなりなんなりしてみろ！と腹も座った。
しかし、中野の予想は外れ森田の穏やかな声が受話器から聞こえてきた。

「そうか、やはりそうだったんだね。話しにくいことを話してくれてありがとう。
それに、そんなに辛い気持ちにさせていたなんて、本当に申し訳なかった。
これは全て私の問題だ。中野君は何も悪くなかったんだ。本当はもっと中野君の話を聞いたり、ミスがあっても一緒に問題を解決したりできればよかったんだ。
そういった対応ができなかったのは全て私が原因だ。
こんなに精神的に追い込んでしまったことを、許してもらえるなんて思わないけれど、本当に申し訳なかったね。」

「………。」

中野は驚いていた。なんだこの流れは。これがあの森田課長？
中野が何も言えないでいると、森田は続けた。

「突然電話してしまって、申し訳なかったね。」

「いいえ。」

中野はそれだけ言うのが、精一杯だった。

「話してくれてありがとう。」

そう言って、森田は電話を終わらせた。

中野は電話をもったまま、部屋に座り込んで呆然としていた。
今の電話はなんだったんだろう。
あの森田課長が自分のしてきたことを理解し反省して謝ってきたのだ。
中野はまだ森田の言っていたことを本当に信じることはできなかった。

もっと早くに気づいてくれてたらよかったのに…。

中野はあんなに嫌いだった森田に対して一瞬そう思った自分に驚いていた。

電話を切った後、森田は何とも言えない気持ちになっていた。
中野はやはり森田の『パワハラ』が原因で退職していた。

カウンセラーの代々木の推測はほぼ当たっていたのだろう。

そんなに精神的に追い詰めてしまっていたとは・・・、中野の告白は森田の予想をはるかに超えていた。

中野がよく遅刻していたのも、森田が原因で職場に来る足が止まってしまっていたのだ。
それを『いまどきの若者はだらしない』とか『どうせ前の日遅くまで飲んでたんだろう』とか勝手に決めつけて説教していた。
なんてことをしてしまっていたんだ。

森田は心の奥がギューっと押し潰されるのを感じた。

私の円形脱毛症なんて比ではないくらい中野は心を病んでいたのだ。
しかもその原因はすべて私にあった。

そして、自ら退職するという道を選び、本来だったら失う必要のなかった職まで失うことになった。

今の私が中野君にしてあげられることは、もう何もないのだろうか？

森田は答えが見出せずにいた。

すっかり『パワハラ』という深い霧の中に迷い込んでしまっていたのだ。

でも、自分が傷ついている場合じゃない。これが、自分が今まで部下に対してしてきたことなんだ。
今いる部下のみんなには、これ以上迷惑をかけてはいけない。
『パワハラ』はもう二度と起こしたくない。

でも考えれば考えるほど『パワハラ』というのは難しい。
なにしろ、自分が気づかないうちに相手にストレスを与えてしまっているのだ。
それを防ぐためには、一人ひとりのことをよく理解することだ。
ストレスの感じ方は人それぞれ。
一人ひとりに合わせたオーダーメイドの方法で部下に接していくしかないのだ。

そんなことを考えながら試行錯誤しているうちにまた１カ月がたち、カウンセリングの日が訪れた。

「森田さん、この１カ月はいかがでしたか？」

「先月のカウンセリングで判明したパワハラの加害者になっていたっていうショックをまだ引きずってしまっているんですよ。
今は部下と接するのも臆病になってしまって…。また『パワハラ』をしてしまうんじゃないかって。

それで、なるべくコミュニケーションをとるようには心がけているのですが、何しろ今まであんまりやってこなかったもんだから難しくって。」

「そうでしたか。自分が加害者だったと気づくというのは、とてもショックで辛いことですね。
でもそれに気づいたということがとても大きな一歩なのです。そして、それを治そうとしている。これもまた大きな一歩です。そうして一歩ずつ理想に近づいている、それだけでも充分頑張っていらっしゃると思いますよ。
はじめに気づくという一歩がなければ次の一歩もありません。
今はとても辛いと思いますが、気づくことができたということに、ぜひ焦点を当ててみてください。」

「そうですね。気づいていなければ、今も『パワハラ』の加害者になってさらにまた一人部下が辞めていたかもしれませんよね。」

「そうですよ！森田さんがここに通い始めてからもう４カ月も経ちましたが、まだ一人も退職していないじゃありませんか。」

「そういえば、先月のカウンセリングの後、退職した中野君に電話をしたんです。どうしても一言謝りたいなと思ったんです。」

「そうでしたか。中野さんの反応はどうでしたか？」

「やはり退職したのは私の『パワハラ』が原因でした。理由を聞いたら言いにくそうでしたが教えてくれました。」

「やはり『パワハラ』が原因だったんですね。」

一呼吸おいて、代々木は続けた。

「ここで森田さんに一つ注意してもらいたいことがあるのです。
森田さんが退職された中野さんに一言謝りたい、という気持ちはとても理解できます。素晴らしい気持ちの変化だと思います。

ですが、中野さんの気持ちになって考えてみましょう。
退職することの原因となった上司からいきなり電話がかかってきたとします。
退職に至ったということは森田さんの以前の言動により精神的に傷を負っているとも考えられますよね。

せっかく退職してそんな上司から離れられてほっとしていたのに、突然その原因となっている上司から電話がかかってきたらどうでしょうか？

森田さんだったら嬉しいですか？」

「いや、かなり嫌かもしれませんね。名前を聞いた瞬間に電話を切りたくなりそうです。」

「森田さんは謝りたいという純粋な気持ちで電話を掛けられたのかもしれませんが、中野さんからしたら、過去の精神的な傷をよみがえらせるような辛い出来事、となる場合があるのです。その場合かえって傷を深めてしまう場合があります。ですから、とても慎重に対応する必要があるのです。」

「そうなんですね…。私は中野君のことを考えているつもりで謝りたいと思い電話してしまいましたが、実際のところはまた自分本位になっていたというわけですね。自分が謝りたいという気持ちばかりが強くて、私が連絡を取ることで中野君がどんな気持ちになるか、なんて考えてなかった。」

森田は中野に電話をして謝ったことをてっきり代々木に褒められると思っていた。
しかし、よく考えたら代々木の言うとおりだ。中野は森田の声なんて1秒も聞きたくなかっただろう。

「加害者側から被害者側を理解するというのは、簡単な事ではありません。すでに退職されてしまった方に、一言謝りたいという気持ちはとても素晴らしいですが、心に深い傷を負っている相手の気持ちになって考えてみるということは、とても重要なことです。」

「そうですね。まだまだ私は何もわかってないな。中野くんの傷が深くなっていないといいのですが…。」

「そうですね。もう一つ注意していただきたいことがあります。それは中野さんが退職されてすぐに変わった森田さんを見て、何で自分ばっかりひどい目にあったんだ！と逆に怒りが湧いてくる場合も考えられるということです。」

「確かにそうですね。自分が散々ひどい目にあって、辞めることになったのに、これから入ってくる社員には優しい上司になっているなんて、なんか面白くないというか、何で自分ばっかりって逆恨みさえしてしまいそうです…。」

「そうなんです。心の傷というのは簡単に癒えることはありません。退職してしまえばよくなるという場合もありますが、回復するのに何年もかかることもあるのです。
中野さんへ謝りたい、という気持ちは森田さんご自身の希望であって、中野さんが望んでいることとは限りません。せっかく森田さんがプラス思考になって行動されたことに釘をさすようで申し訳ないのですが、これはとても大切なことなのです。」

「いえ、教えていただけて本当に良かったです。中野君をまた傷つけてしまうところでした。もっと慎重に行動しないといけませんね。これからは相手の気持をもっと考えて行動するように気をつけたいと思います。

そう考えると、本当にコミュニケーションって難しいなと感じます。
とくに今まで職場では無口でやってきたもんですから。
職場でも新たな仕事を割り振るときなど、以前教えていただいたように仕事内容や仕事量に問題がないかを確認しているのですが、それが充分なのかもわからないのです。すっかり迷路に入ってしまったという感じで。」

「今まであまりコミュニケーションを取ってこなかった分、考え過ぎてしまうと余計わからなくなってしまいますよね。

それでは今日は部下のみなさんの話の聴き方や伝え方を考えてみましょう。」

「それはありがたいです！」
「まずはじめに『話をきく』といっても、実は二通りの『きく』があるのです。一つは普通に『聞く』、もう一つはじっくりと理解しながら心を傾けて『聴く』の二種類です。

森田さんは部下のみなさんの話を聴けていると思いますか？」

「ここに来るようになってからは、以前に比べたらずいぶん『聴ける』ようになったと思います。」

「それでは質問です。もし森田さんが急ぎの仕事をしているときに、部下の斉藤さんが以前から取り組んでいるプレゼンの準備について質問をしてきたらどのように対応しますか？斉藤さんはこの仕事に時間がかかっていて連日残業続き、だとして考えてみてください。」

「私も急ぎの仕事をしていて、斉藤君もこの仕事に手こずっているという感じですね。私なら、斉藤君に『申し訳ないんだけど今は急ぎの仕事をしているから、これが終わったら相談にのるからちょっと待ってくれるかな。終わったら声をかけるよ。』という感じで対応しますかね。」

「なるほど、とりあえず自分の急ぎの仕事を終わらせてしまってから、じっくり相談にのろうという感じですね。」

「そうですね。その方が落ち着いて相談にのれるかなと思いました。」

「森田さんが『申し訳ないけど』と伝えているところや、落ち着いて相談にのってあげようっていう気持ちはとても良いと思います。
ですが、それは森田さんを中心とした考え方になってしまっていると言えるのではないでしょうか？もし森田さんが斉藤さんの立場だったらどうでしょう？

プレゼンの準備で残業続き。もうどうしようもないので上司に相談した。そして上司に『今急ぎの仕事があるから、終わったら相談にのるから』と言われました。どんな感じがするでしょうか？」

「上司からの依頼の仕事でこんなに手こずっているのを知っているはずなのに、なんですぐに相談にのってくれないんだろう、って思うかもしれませんね。

斉藤君のために自分の仕事を終えてしまってから、じっくりと相談にのろうと考えましたが、もしかしたら自分のためだったのかもしれません。また、自分を中心に考えてしまっていました。」

「では、どのように上司から言ってもらえたら嬉しいでしょう？」

「やはり、すぐに仕事をしている手を止めて相談にのってくれたら嬉しいですね。大切に思ってもらえてる感じもします。」

「部下のみなさんに依頼した仕事とはいえ、もともとは森田さんが受けた仕事です。それを部下のみなさんが助けてくれている、支えてくれているといった感覚を忘れないようにしましょう。

斉藤さんに仕事を渡したら、それは斉藤さんの仕事で斉藤さんの責任である、というわけではなく、それは斉藤さんに分担してもらっている森田さんの課全体の仕事ということができますよね。個人ではなくチームとして仕事に取り組んでいくということですね。」

「確かにその通りです。私が直接取り組んでいる仕事だけが自分の仕事ではなく、部下に渡した後も私の仕事であることには変わりはないですね。部下たちはチームで私が依頼された仕事に取り組んでくれる仲間なんですよね。」

「そうですね。ここでもやはり忘れていけないのは、カウンセリングの初日にお話したことです。
部下のみなさんは、会社の業績だけではなく、結果的に森田さんの生活も支えてくれている存在だということです。それはもちろん逆も言えますよ。森田さんも部下のみなさんのことを支えています。
そういったことを常に頭に置いて、部下のみなさんのお話を聴くようにされると何かが違ってくると思いますよ。」

「そうですね。自分のことだけではなくて、みんなの状況を正しく理解して対応していかないといけないですね。」

「また、話を聴くというのは、そのままの言葉を聞くことだけが話を聴くことではないんですよ。」

「え？どういうことですか？」

「その言葉に隠れた心の本質部分、本当に言いたいことや気持ちを『聴く』ように心がけてみてください。」

「なんだか、難しそうですね。」

「では、また質問です。部下の一人がこんな相談を持ちかけてきたとします。
『課長、加藤係長のやり方にはもうついていけないんです。退職も考えています。』
このような相談内容の場合、本当の相談内容はどういったことだと思いますか？」

「えーっと、会社を辞めたいということでしょうか？」

「そうですね。この方は退職を考えていると言っています。
でも、退職については考えている、と言っているだけですね。この言葉の前には『最悪の場合』というのがつくことが考えられます。『最悪の場合は退職も考えている』と。」

「なるほど。となるとポイントはその前の『加藤係長のやり方についていけない』ということですかね。」

「そうです！いい感じですよ。では、『加藤係長のやり方についていけない』ということを課長である森田さんに伝えるということは、どういった理由からだと考えられますか？」

「私に加藤係長のやり方について話を『聴いて』欲しいということでしょうか？それで、必要であれば加藤係長の方に働きかけることも期待している、という感じかな。」

「そうですね。部下の方は決してまだ退職を決めているわけではありません。でも『退職』という言葉を出すということは、それくらい困っているんだっていうことを課長にわかって欲しいという想いが込められています。
森田さんの対応次第では、退職という最悪の自体にはならず、むしろこれをきっかけに職場の改善につながるかもしれません。」

「そうですね。その係長がもし部下に『パワハラ』をしているのなら、それは止めなければいけませんし、その話を係長にできるのは課内では私だけですね。
言葉の奥に隠れた心の声に耳を傾けないといけませんね。」

「そうなんです。」

「でも、やっぱり難しいなぁ。私はカウンセラーじゃありませんから。どのように聴いていけばいいんでしょう？」

「言葉の奥にある、本当に言いたいことを聴くときには、まずその方が話し始めたら、それを素直に聴くということです。途中で意見をしたり、話の腰を折ったり、質問攻めにしたり、注意したり、といったことをせずにまずは全てを受けとめる姿勢で話を聴きます。」

「なるほど、どんな話であっても全てを受けとめるという姿勢ですか。確かにそんな風に話を聴いてもらえたら話しやすいでしょうね。」

「森田さんは『話を受け入れること』と『話を受けとめること』の違いはご存じですか？」

「う～ん、そう言われてみるとその２つの違いはよくわかりません。」

「話を受け入れるというのは、『相手の気持ちに同意をする』ということです。話を受け入れようと思っていても、相手の意見にどうしても同意ができない場合もあります。話を受け入れようとすると、相手の話に本当は同意ができないのに、自分自身に嘘をついて同意したようなことを言ってしまいます。その結果、コミュニケーションを取ることが大きなストレスとなってしまうことがあります。
それに対し、話を受けとめるというのは、『相手が伝えたいことに理解を示すこと』です。同意をする必要はなく『君はこう思っているんだね』という理解を示してあげることで相手は『理解してもらえた』という安心感を得ることができるのです。」

「そうそう！それが私が悩んでいたことかもしれません。パワハラを恐れるあまり、部下の話を無理に受け入れようとしていたんだと思います。これからは、理解を示せばいいんですね。」

森田はこのところ頭の中でモヤモヤしていたことが、少しクリアになったのを感じた。
「コミュニケーションは自分自身に嘘をついてしまうとどんどん辛くなってしまいますからね。

では話を戻しますね。まず、どんな話でも受けとめるという姿勢で話を聴きます。

そして話を受けとめたら、その人の気持ちになって一緒に考えてみて下さい。仕事中に常にそういった姿勢で話を聴くことはもしかしたら難しいかもしれません。でも、上司としてこれは重要だと感じたときには、タイミングを逃さないように時間をとって心の声を聴くようにすると良いと思いますよ。」

「なるほど、タイミングですか。」

「ここで重要なことなんですが、上司が部下に相談をされるとどうしても『問題を解決しよう』という気持ちが強く生まれてしまいます。」

「それはいけないことなんでしょうか？」

「もちろん、いけないことではありません。でも解決を急ごうとするあまり、質問攻めにしてしまうことがあります。このときは、あくまで話を聴くこと、言葉の奥にある本当の気持ちに耳を傾ける必要があるのです。それを正しく理解できていないと、問題のポイントを間違えたまま解決を急いでしまうこともあります。
人に相談をするときは、もちろんただ話を聴いて欲しいというときもあります。ですが目上の立場である上司に相談を持ちかけるときというのは、自分自身や環境など何かを変えたいと思っているときが多いのです。この方は何をどういう風に変えたいんだろう？どうなりたくて悩んでいるんだろう？ということを考えながら話を聴くと、その方の心に近づくことができると思いますよ。
例えば、「あの人のことが嫌いだ」と言っていても、心の声は「本当は仲良くなりたい」だったりします。これは正反対ですね。ですので、話を聴くときはぜひ集中して耳を傾けてくださいね。」

「言っていることと正反対のことを望んでいる場合もあるんですか。難しいですねぇ。」

「もしうまく心の声が理解できているか自信が持てないときは、相手に確認すればいいのです。

『今の話を聴いていて、○○さんは～～と思っていると理解したけれど、それで大丈夫かな？』

というように確認をすると、もし間違っていた場合にはそれを修正してもらうことができますし、それで正しかった場合はよく話を聴いてもらえてるな、と思ってもらえるでしょう。」

「なるほど。確認してみればいいわけですね。それなら安心だ。」

「それでは、次に部下のみなさんに森田さんの想いをきちんと伝えるための『伝え方』について考えてみましょう。
部下のみなさんに仕事を依頼するときはどのように伝えていますか？」

「以前教えていただいたように、仕事内容を説明したうえで仕事の量や期限、内容に問題がないか確認をしています。」

「それは素晴らしいですね。」

「それでも最近は知らないうちに『パワハラ』になっていないか、と心配になってしまいます。部下の顔色をうかがってしまうというか。媚びているつもりはないのですが、自分の意見を言うことを恐れてしまっているというのはあります。先ほどのお話のように部下を受け入れようとしすぎているのかもしれません。」

「パワハラが気になってしまわないか、と臆病になってしまう気持ちはとても理解できます。でも、部下のみなさんの顔をうかがったりと媚びる必要はないのですよ。先ほどお伝えした話の『聴き方』、これからお話しする『伝え方』を理解していただければ、そんな心配はきっとなくなると思いますよ。

では、仕事の依頼の際に気を付ける点を考えていきましょう。
仕事のことでストレスを感じることと言ったらどんなことがありますか？いくつか挙げてもらえますか？」

「まずは、仕事内容に対して期限が短すぎるというのはストレスが溜まりますね。あとはどれくらいのクオリティを要求されているのか、というのがハッキリしていないのも困ります。大変な仕事ばかりを回されると、何で自分ばっかりこんな大変なのを押し付けられるんだって思ってしまうかもしれません。」

「それらはとても重要ですね。
では、今の話を元に部下のみなさんに仕事を依頼する際に必要な確認事項をまとめていきましょう。

１つ目は、お互いが納得できる仕事の期限や量を話し合うこと。
２つ目は、その仕事をする上で必要な質やレベルを明確にすること。
３つ目は、特別な仕事の場合は、なぜ何人かいる部下の中からその部下を選んだのかを説明すること。

ですね。それらをわかりやすく説明した上で話し合い、お互いが同じように理解し合意しているかを確認します。そして、必要なときはいつでも相談にのるということを伝え、言うだけでなくそれを実行すれば、仕事内容でのストレスというのはかなり軽減されるのではないでしょうか？」

「なるほど。そうなってくると仕事を依頼する前に、事前に仕事内容と伝える情報を整理してまとめておかないといけませんね。」

「そうなんです。仕事の依頼をする前には事前に準備をしておくと、森田さん自身も仕事内容をさらに整理することができますし、整理された情報は相手にとっても受け取りやすくなりますよね。」

「たしかにサッカーでも受け取りやすいパスは、ゴールの大きな助けになりますよね。
今までそんなことはしたことがありませんでしたが、これからは仕事を依頼する前にきちんと説明ができるように準備をしてから依頼をしたいと思います。」

「案外これができていない上司の方はたくさんいます。でも、やるのとやらないのとでは、部下のみなさんとの信頼関係に大きな差が出ると思いますよ。

では、次に何か問題があった場合の対応の仕方を考えてみましょう。
現在は、いろんなことを確認したりするのも『パワハラ』になっていないか心配になっているということでしたね。そうなってくると、何か問題が起きたときにも『パワハラ』になってしまわないかということを恐れてしまって、問題をうまく解決できなくなってしまう可能性がありそうですね。」

「確かに。『パワハラ』を心配して言葉を選び過ぎてしまって、結局何も伝えられなくなってしまいそうですよ。」

「では、また斉藤さんに登場していただきましょう。斉藤さんが重大なミスをしてしまったとします。取り返しがつかないくらいです。森田さんは課長として斉藤さんにどのような対応をしますか？」

「そうですねぇ…重大なミスですか。以前だったら間違いなく頭ごなしに『何やってるんだ！お前は！！』なんてみんなの前で怒鳴っていたと思います。でも、それでは何も解決せず、相手を傷つけるだけということがわかりました。みんなの前でというのもよくありません。
まず二人きりになって話がしやすい環境を作ります。それから、どうしてそうなってしまったのかという経緯を一から説明してもらおうと思います。」

「それは相手に対して尊敬や思いやりを持った素晴らしい対応方法です。もう『パワハラ』を恐れる必要なんてありません。自信を持って部下のみなさんと接してください。
森田さんが今おっしゃった方法でしたら、斉藤さんを傷つけるということはまずありません。そして森田さん自身も詳しい経緯から解決策を考えることができますね。お互いに理解を深めながら協力して問題に取り組むことができそうですね。
そして、斉藤さんがミスに至った経緯を説明する際には、先ほど話した『聴き方』を意識してお話を聴いていただければ、この大きなミスをきっかけに斉藤さんとの絆が深まりそうですね。」

「そうか、部下のミスは絆を深めるチャンスでもあるんですね。そんなこと思いもしなかったな。今まで部下のミスはやっかいなこと以外の何物でもなかったですから。
それに、今までと違った対応をしていくことで、離れてしまった信頼関係を取りもどすチャンスにもなりそうな気がします。」

「そうですね。変わった森田さんを見せるチャンスですね！同じミスでもそれが良い方向へ転がるのか、悪い方向へ転がるのかは紙一重なのです。ぜひどんなときもポジティブな気持ちを忘れないで取り組んでくださいね。
では、今日の宿題はわかりましたか？」

「はい。部下の言葉の奥にある心の声を聴くように努力します。それから仕事を依頼するときは事前に内容の整理などの準備をした上で、分かりやすく説明をします。説明の後は問題がないかを確認します。あとは相手のことを尊重した対応で、信頼関係を深めていきたいと思います。」

「完璧です！宿題はもう大丈夫そうですね。
ピーター・ドラッカー（注１）さんはこんなことを言っています。

コミュニケーションで最も大事なことは、言葉にならないことに耳を傾けることだ。

部下のみなさんの言葉にできない気持ちに耳を傾けられるようになれば、森田さんのゴールはすぐそこですよ。頑張ってくださいね。」

コラム 6

●あなたの職場に奇跡を起こす魔法の質問

質問20　あなたは部下の話をちゃんと聴けていますか？

質問21　部下に仕事を依頼するときはどのように依頼していますか？

質問22　部下が大きなミスをしたとき、どのように対応していますか？

●今日のレッスン

言葉を聞くのではなく、言葉の奥にある心の声をしっかりと聴き、伝えたいことは分かりやすく相手の気持ちを尊重しながら伝えましょう。

部下がミスをしたときは絆を深めるチャンスです！

思いやりをもって相手を尊重した対応をしましょう！

第6章 最後のカウンセリング

人の話を聴くことなんて、今まで普通にできていると思っていた。
森田はこのカウンセリングに通うようになり、今まで普通にできていると思っていたことが実は何もできていなかったことに次々と気づかされていた。

『話を聴く』ということを意識するようになって真っ先に気づいたのは、今まで妻の話を何も聴いていなかったということだ。
話は『聞いて』いた。でも『聴いて』いなかったのだ。

考えてみれば、妻は自分が職場の愚痴を話すときは、話の腰を折ったりすることなく、否定するわけでもなく、文句も言わずに全部を受けとめて聴いてくれていた。
そして一緒になって怒ってくれたり、悲しんでくれたりしたものだ。
妻は私の話を聴いてくれていた。それがどんなに心の支えになっていたかわからない。
でも、私は自分のことばかりで妻の話はぜんぜん聴けていなかった。

相談でもない何気ない日常会話でも、言葉の奥にある心の声に注目して話を聴くようにしていると、徐々にだったが、意外な心の声が聴こえてきた。
今までは、まるで言葉の上澄みだけをすくって聞いていたようだ。

『聴く』という行為に対して、『伝える』ということはやはり臆病になっていた。

『パワハラ』の加害者になっていたという事実は、簡単に心から拭い去れることではなかった。

しかし、『パワハラ』を恐れすぎて何も言えない上司にはなりたくない。
代々木が言っていたように、コミュニケーションを通して絆を深めていきたい。
きちんと伝えたいことは伝える。でも相手のことは尊重する。そこにあるのは『恐れ』や『パワハラ』とは程遠い『思いやり』と『信頼』なのだ。

森田はまた中野のことを考えていた。
中野君は大丈夫だろうか？先日の電話で余計傷が深くなっていないだろうか。
森田は心配だった。

森田は中野が割とよく斉藤と話していたことを思い出した。

斉藤君に中野君と連絡をとっているのか聞いてみるか。
斉藤君とは信頼関係ができ始めているから、昼食に誘っても迷惑ではないかな。

森田は斉藤を昼食に誘ってみることにした。

「課長がランチに誘ってくれるなんて、はじめてですね！」

斉藤が、嬉しそうについてきたのを見て、森田は少しほっとしていた。
森田のことを仲間として受け入れてくれている感じがしたのだ。
せっかくのチャンスなので、斉藤にここ最近仕事内容や職場でなにか問題はないかを聴いてみた。

「最近、森田課長がすごく優しくなったってみんな言っていましたよ。僕もそうですが、みんな職場にいるときに前よりもリラックスしている感じがします。」

「そうか、それは良かったよ。いやぁ、今までを振り返ってみて、自分がなんて嫌な上司になってしまっていたんだろうって反省してね。みんなに悪いことをしてしまったなと思っているんだよ。」

「そうだったんですか。でも本当に別人みたいですよ。」

と定食を頬張りながら斉藤は無邪気にそう言った。

「ところで斉藤君は退職してしまった中野君とは連絡を取っていたりするのかな？」

「はい。とっていますよ。先日も飲みに行きました。そういえば、森田課長から電話があったって言っていましたよ。」

「そうなんだ。中野君にひどいことをしてしまったな、と思ってお詫びがしたくてね。でも突然電話してしまったことはむしろ迷惑だったんじゃないかと思って、それも反省しているところなんだよ。」

「そうでしたか。かなり驚いていたみたいでしたけど…。僕にはそれ以上はとくに何も言ってなかったです。それよりも、どっちかっていうと就職活動の話題でした。」

「そうか。中野君は新しい就職先は決まっていないと言っていたな。」

「そうなんです。今度は出版社の編集を希望してるらしいんですけど、未経験だからなかなか書類も通らないなんてぼやいていました。」

「中野君は出版社を希望しているのか。それは知らなかったな。でも新しい目標があるっていうのは素晴らしいことだね。」

「僕も中野が出版社に興味があるなんて知らなかったので意外でしたよ！」

斉藤との昼食を終えて森田は少しほっとしていた。中野が新しい目標に向かって進み始めているということに。

それにしても中野君が編集者になるなんていう希望があったなんて、全く知らなかったな。そりゃあ当然か…上司に他の職業が希望だなんて言うわけがない。『パワハラ』上司でなくってもさすがにそんなことは言えない。

でも…待てよ…
そんなことでも部下から相談してもらえるような上司ってどんな上司なんだろうか？

森田には代々木の声が聞こえたような気がした。

「森田さん、他の職業に転職したいなんていうことまで、相談したくなるような上司ってどんな上司なんでしょう？」

う～ん。それにはよっぽど上司と部下の信頼関係ができていないと難しいだろう。
そして、上司はどんなことがあっても自分の生き方を応援してくれる、と信じていたら可能かもしれない。

部下の希望することを日頃から応援するような上司であれば、その中で部下との間に強い信頼関係を築くことができるかな。

私にはまだまだ課題が山積みだな。

そんなことを考えていたら、ふと大学の友人が大手の出版社に就職していたことを思い出した。
ダメもとで聞いてみようか。
部下の夢を全力で応援するのも上司の役目なんだ。

森田は早速友人に電話を掛けた。
話を聴いていると、友人は出版社の中の営業を担当しているということで、編集部の求人についてはすぐには分からないが、編集部に確認をしてくれるということだった。

もしかしたら中野君の役に立つことができるかもしれない。
そう思うと体の底からエネルギーが湧いてくるような感じがした。
誰かを応援するというのは、自分にも力を与えてくれるんだな。今までこんな気持ちになったことはなかった。
森田は自分自身が、次々に新しい体験をしているような感覚を味わっていた。

そんなある日、森田の部下である営業部の水口が得意先との間で大きなミスをしてしまったことが発覚した。
森田はまず水口を空いていた会議室に呼び出し、話を聴くことにした。

水口はかなり緊張をした面持ちで会議室にやってきた。

「水口君、起こってしまったことはしょうがないと思う。でも最善の解決策を一緒に考えていきたいから、ミスが起こった経緯を詳しく教えてくれないかな。」

「…すみません。」

なんと水口は涙ぐんでいた。

「ご、ごめん。なんか追い込むようなことを言ってしまったかな？」

森田は慌てた。
また『パワハラ』発言をしてしまったのか？

「いえ、違うんです。まさかそんな風に言ってもらえると思わなくって…。ものすごく怒られるのを予想していたので、つい気持ちが緩んでしまって、すみません…。」

水口は涙を拭いながらそう言った。
そのあとは、じっくりと経緯を聴いて二人でいろいろと話し合って、なんとかこれなら、という解決策を考えることができた。
最後には水口も笑顔になっていた。

森田は想像を超えた充実感を感じていた。
今まであんなに厄介だと思っていた部下のミスだったのに、まだ問題が解決したわけでもないのに、こんなにも爽やかな充実感を感じることができるのか。

水口の反応を見てもうまく対応できたことが分かり、それは森田の自信になった。

また１カ月がたち、カウンセリングの日が訪れた。

「森田さん、先月のカウンセリングの後はどうでしたか？」

「いやぁ、今まで本当に人の話をろくに聴いていなかったということがわかりました。私の妻の方がよっぽど話を聴く力を持っていましたよ。

それから、中野君にはもう直接連絡はしない方がいいと思ったので、中野君と仲が良かった部下の斉藤君に中野君のその後ことを聞いてみました。電話の影響がどれだけだったのかはわからなかったのですが、中野君は実は以前から出版社の編集の仕事に興味があって、新しい就職先に未経験の出版社の編集の仕事を探しているそうです。
それを聞いて、なにか応援できないかなと考えていたら、大学の同級生が出版社で働いていることを思い出して、人材を募集してないかを今確認してもらっているところなんですよ。」

「そうでしたか。いきなり直接連絡を取るのではなく、まず周りに状況を確認するくらいの方が良いかもしれませんね。」

「なんか、中野君の夢を応援できるんじゃないかって思ったら嬉しくって。
人を応援することで、こんなに自分自身にエネルギーをもらえるなんて思いませんでした。」

「誰かを応援することは素晴らしいことです。応援するときは、軸を相手に置いて応援してくださいね。自分軸で応援してしまうと、おせっかいになってしまう場合がありますから。」

「なるほど、それは気をつけないといけませんね。相手の立場になって、どんな応援をされたら嬉しいのかを考えてみるということですね。」

「相手の気持ちを尊重した応援ができたら、大きな力になりますね。
では、職場ではいかがでしたか？」

「ちょうどって言ったらアレなんですけど、今週大きなミスをした部下がおりまして。」

「それはグッドタイミングでしたね。」

代々木は微笑んだ。

「教えていただいたように、まずは解決策を一緒に考えたいから詳しい経緯を教えてくれないかって言ったら、泣き出してしまって。また何かまずいことを言って追い込んでしまったのかと思ったら、私にこっぴどく怒られると緊張していたのが緩んで涙が出てしまったそうです。
最後には解決策も見つかって、部下も笑顔になってくれました。」

「森田さんの対応によって、部下の方との絆が深まるということを実際に体感されたのではないかでしょうか？そんな風に部下の皆さんの力になることができるようになった森田さんの職場はもう大丈夫です。カウンセリングは今日で終了にしましょう。」

代々木は目を細めて満足そうに言った。

「えっ、そんな急に…。ここにきて自分が本当に何にもできてなくって課題が山積みだって気づいたところなんですよ。」

「大丈夫です。森田さんのように部下の皆さんの役に立つことに喜びを感じられる上司のいる職場は最高の職場に間違いありませんから。これからまた問題が起きたとしても、部下の気持ちになって自分自身に問いかければいいのです。」

「最近少しずつですが、自分自身に問いかけることができるようになってきたんです。」

「森田さんにはもう充分自分に問い、答えを導き出す力がありますよ。大丈夫ですから自信を持ってください。」

「本当かなぁ…。代々木さんがそう言ってくれるなら、不安ですが、頑張ってみます。」

「では、最後の質問になります。

森田さんが上司として部下のみなさんにしてあげられることはどんなことがありますか？できるだけたくさん教えてください。」

「ええと、まずは部下に感謝をすることです。感謝の気持ちを必ず伝えるようにします。その際にはちゃんと会社だけでなく私の生活を支えてくれてありがとうと、心を込めます。

部下のことを一緒のチームで仕事をしている仲間という気持ちで、尊敬と思いやりを持って接します。

仕事内容は部下との話し合いの中で仕事内容や量、期限などをよく説明し話し合います。
またミスがあっても協力して解決策を一緒に探していきます。

部下のことをいつでも気にかけ、困っていることがあれば全力で力になります。

もし部下が新しい目標を持ったときに、それが私にとっては嬉しくないことであっても応援したいと思います。」

「まとめますと、

・部下に感謝をする
・仲間として対等に接する

・仕事は共同責任と考え行動する
・部下が必要なときには全力で助ける
・部下の夢を応援する
の５つですね。

最後の森田さんにとっては嬉しくないことでもというのは…」

「今回の中野君の件で考えたんです。中野君は出版社で編集をしたいという新しい夢を持っていました。もしかしたら、私の『パワハラ』がなくてもいずれその夢に向かって退職の道を選んでいたかもしれません。
もしそういった部下が今後現れたときに、自分や会社の都合だけで考えるのではなく、部下の気持ちを尊重して応援できるような上司でいたいと思ったんです。
例えば他の部署に異動を希望したりとか、昇進の話があったときに足を引っ張るような上司であってはいけないって思いました。」

「森田さんの話を聴いて感動してしまいました。本当に素晴らしい上司になられましたね。部下の皆さんは幸せ者です。
森田さんの職場ははなまる商事の中でも、厚い信頼関係と活気に満ちた素晴らしい職場になりますよ。

ここまでカウンセリングを続けていただき、ありがとうございました。
森田さんの変化を見ることができて本当に嬉しいです。」

「いいえ。お礼を言うのは私の方です。私は本当に上司として失格でした。何もできていないし、何もわかっていませんでした。
それを一つひとつ気づかせていただいて、本当に感謝しています。
最近円形脱毛症にも毛が生えてきましたよ。」

森田は頭をなでながら笑顔で言った。

「初めてここにきて、代々木さんから『部下は上司の鏡』っていうお話を聴いたときには、そんな訳ないって心の底から思ったんです。
でも少しずつ私の言動、態度を変えていったことで、部下たちの様子も変わってきました。
今では本当に『部下は上司の鏡』だって思います。

それで、私思ったんです。
上司って職場の環境を左右する重要なカギをもっているじゃないですか。
部下にとってはどんな上司にあたるかっていうのが、その後の社内での生活を大きく左右することになりますよね。
ということは、上司自体が部下にとっては最大の職場環境なのではないかって思ったんです。
部下が職場で幸せな時間を過ごせるかどうかっていうのは、上司にかかっているんだなと。」

「『部下にとって上司は最大の職場環境』ですか。
本当にその通りだと私も思っています。
実は私はそう思ってくれる上司を一人でも多く増やしたいと思ってこのカウンセリング・オフィスを始めました。だから森田さんがそのことに気づいてくれて本当に嬉しいです。

ボブ・プロクター（注１）さんはこんなことを言っていました。

自身の向上のために、今日できる小さなこととは何か。あなたは成功までおそらくもう一歩のところにいるはずである

一つひとつ小さなことを積み重ねていくことで、部下との信頼関係ができ素晴らしい職場になりますよ。

今までありがとうございました！これからも部下の皆さんと一緒に頑張ってくださいね。
これからの宿題は先ほど森田さんがさきほどおっしゃった5つのことです。」

「はい！ありがとうございました。」

コラム 7

●あなたの職場に奇跡を起こす魔法の質問
質問23　あなたが上司として部下にしてあげられることはなんですか？

●今日のレッスン
部下に感謝をする
仲間として対等に接する
仕事は共同責任と考え行動する
全力で助ける
部下の夢を応援する
そして、
上司は『部下にとっての最大の職場環境』であることに気づこう。

そんなあなたの下で働く部下は最高の幸せ者です♪

エピローグ

６回のカウンセリングを終えてから10カ月がたち、私の職場は以前とは比べ物にならないほど活気に満ち溢れていた。

部下のみんなが楽しく仕事に取り組んでいてくれるのを感じるし、最近では仕事のあとに部下たちと飲みに行くこともある。
はじめて誘ってくれたのは斉藤君と水口君だった。
彼らのおかげで私が変わったことをなかなか信じることができなかったり受け入れてくれなかった他の部下たちも、段々と心を開いてくれるようになってきた。
カウンセリングに行く前の私には到底考えられなかったことだ。

さらに嬉しいことに営業２課の業績は右肩上がりで、私の上司からもどんな魔法を使ったんだ？なんて聞かれたりしている。

その後、出版社に勤める友人から連絡があり、編集で人材を募集していることがわかり、斉藤君を通して中野君を紹介することもできた。私には紹介することまでしかできないが、書類審査抜きで面接をしてもらえるそうだ。
中野君の成功を心から祈っている。

最近では、朝モーニングセットを食べながら一日の仕事の計画を立てている。
たとえ問題が起こっても、どんなふうに解決しようかと作戦を立てるのも楽しいのだ。
16年間働いてきたが、今一番充実感を感じている。

その日も駅前のコーヒーショップでコーヒーを飲みながら何気なくあのカウンセリングオフィスのある斜め向かいのビルを見上げた。

あれ？？

ない！！

いつもあった、【悩める上司の専門家・代々木カウンセリング・オフィス】の看板がないのだ。

そんな馬鹿な！！

森田は急いで店を出て、カウンセリング・オフィスに向かった。

オフィスに到着すると、そこはすでにもぬけの殻…あの座り心地の良かったソファーも見当たらない。
ここで間違いないよな…と周りを見回してみたけれど、場所は間違っていない。
本当にここにカウンセリング・オフィスがあったのだろうか？
一瞬全てが夢だったような気がしてきた。
そのとき、聞きなれた声が聞こえてきた。

「あ、森田さん。どうされたんですか？」

「代々木さん！オフィスの看板がなくなっていたから、あわてて見にきたんです。」

「そうなんですよ。急にこのビルの解体が決まって、追い出されてしまいましてね。」

「そうだったんですね。次はどちらへ引っ越されるんですか？」

「あまりに急だったので、まだ引っ越し先が決まっていないのですよ。」

「そうだったんですか。でも次の引っ越し先が決まったら教えてくださいね。」

森田がそう言うと、代々木はいつものように優しく微笑んだ。

「森田さんにはもう私のカウンセリングは必要ありませんよ。森田さんは職場に奇跡を起こすことができました。森田さんのお顔を見ればわかります。
森田さんの職場は誰もが羨む憧れの職場です。
もし、周りに森田さんの職場づくりの秘密を知りたい人がいたら、私が森田さんに伝えたことを教えてあげればいいのです。そうすれば、森田さんの周りの職場にも奇跡がおきますよ。」

「あまり自信はありませんが…やってみます！」

「そうです！その意気ですよ！！」

森田は会社に遅れそうなことに気づきあわてて代々木に別れを告げてその場を去った。

なんだかやはり、すべては夢だったような気がする。
でも夢ではない。私の職場が、部下たちがそれを教えてくれる。

職場に奇跡を起こす方法はたった一つ。

部下にとって上司は最大の職場環境。

部下にとって最高の環境を与えられるのは上司だけだということに気づくこと。

私はそれを知っているのだ。

（終）

【参考文献】
（注１）『世界のトップリーダー英語名言集　ＢＩＳＩＮＥＳＳ』
　　デビット・セイン著、佐藤淳子著　　（ジェイ・リサーチ出版）
（注２）平成24年　労働者健康状況調査　　（厚生労働省）
（注３）平成12年　保健福祉動向調査　　（厚生労働省）
（注４）「サウンド・オブ・ミュージックアメリカ編」
　　谷口由美子訳　マリア・フォン・トラップ著　　（文溪堂）
（注５）「なぜかうまくいく人　頭がいいのに残念な人」
　　日本心理パワー研究所編　　（日本文芸社）
（注６）「職場のいじめ・嫌がらせ問題に関する円卓会議ワーキンググループ報告」　（厚生労働省）

第2部

パワーハラスメントとは

第1章
パワーハラスメントの定義

パワーハラスメント（以下パワハラと略すこともある）に関する実態調査で「パワーハラスメントという言葉を知っているか」という質問では“言葉も内容も理解している”と答えた従業員は90％に達しています（参考資料　5　132頁）。それなのに「いじめ・嫌がらせ」に関する相談は年々増加し、減らないのはなぜなのでしょうか。

そこでドリルに入る前に、パワハラについて整理をしておきたいと思います。パワハラもセクハラ同様に被害者から申し立てがあって初めて問題になることが多いのが特徴です。

人事部門が当事者を呼んで事情を説明し注意をすると、多くの上司は「部下の育成のために一生懸命指導している」「目標達成するにはある程度強くやらざるを得ない」「全くの戦力外で鍛え直さなくてはしょうがない」というようなものから「穏やかに話しているのでそんなことは考えられない」など様々な答えが返ってきます。最後の例のように穏やかに話していても、その内容や言い方が部下のこころにどのような影響を与えているかを感じられない上司がいることに改めて気づかされます。

今の時代、パソコンを使って仕事をすることが通常ですが、友達感覚のようにメーリングリストから当事者に断ることなく突然外す、いわゆる「人間関係からの切り離し、無視」に該当するようなことを平気で行う人も存在します。これも職場で起こるハラスメントの事例です。メールのやり取りは感情が伝わりにくいことがあり、結果的にハラスメントに該当してしまうこともあります。更には、要員がタイトで支援関係などつくれない環境の中で、部門に与えられた課題を部門の構成員で達成する必要から、部下の中には与えられる仕事が能力より高いことがあります。そんな時、上司が支援することなく、「まだできないの？」と再三催促すれば部下にとっては「できません」とは言えず、結果的にハラスメントになってしまうこともあるでしょう。

『職場のいじめ・嫌がらせ問題に関する円卓会議ワーキング・グループ報告』の考え方（平成24.1.30 厚生労働省）

第３部に入る前に、パワーハラスメントについて説明しておきます。第１にパワハラの定義はいろいろありますが、本書では『職場のいじめ・嫌がらせ問題に関する円卓会議ワ－キング・グループ報告』による提案に基づいて説明したいと思います。

その報告では、問題に取り組む必要性と意義について２つにまとめています。

1.「いじめ・嫌がらせ」、「パワーハラスメント」は、労働者の尊厳や人格を侵害する許されない行為。
2.「いじめ・嫌がらせ」、「パワーハラスメント」の予防・解決に取り組む意義は、損失の回避だけに終わらない。仕事に対する意欲や職場全体の生産性の向上にも貢献し、職場の活力につながるものととらえて、積極的に取り組みを進めることが求められる。

① 職場のパワーハラスメントとは（ワーキング・グループの提案）

職場のパワーハラスメントとは、同じ職場で働く者に対して、職務上の地位や人間関係などの職場内の優位性（＊）を背景に、業務の適正な範囲を超えて、精神的・身体的苦痛を与える又は職場環境を悪化させる行為をいう。 ＊上司から部下に行われるものだけでなく、先輩・後輩間や同僚間など様々な優位性を背景に行われるものも含まれる。

② 職場のパワーハラスメントに当たりうる行為類型としては、以下のものが挙げられる。

（ただし、当たりうる行為の全てを網羅するものではない）

類型	具体的行為
①身体的攻撃	暴行・傷害
②精神的な攻撃	脅迫・名誉棄損・侮辱・ひどい暴言
③人間関係からの切り離し	隔離、仲間はずし・無視
④過大な要求	業務上明らかに不要なことや遂行不可能な事の強制、仕事の妨害
⑤過小な要求	業務上の合理性なく、能力や経験とかけ離れた程度の低い仕事を命じることや仕事を与えないこと
⑥個の侵害	私的なことに過度に立ち入ること

「職場のパワーハラスメント」の概要は以上の通りですが、”自分も加害者になっている可能性がある”という前提で自らの言動に当てはめてみる必要があります。どうもパワーハラスメントは思わぬところで発生しているようです。

第2章 パワーハラスメントは企業にどのような影響を与えているか

次に、パワーハラスメントが企業にどのような影響を与えているか整理してみましょう。参考資料「あかるい職場応援団　11　137頁」によるパワハラが企業に与える影響上位３つは「職場の雰囲気が悪くなる（97.1％）」「従業員の心の健康を害する（95.5％）」「従業員が十分に能力を発揮できなくなる（85.3％）」となっています。どれを取っても職場の総合力の発揮においては大きなマイナスです。

前述の資料「あかるい職場応援団」や私の職場体験などを参考にして整理すると企業への影響は、以下の４つに分類されると思います。

1　労働者に対する影響

まずは労働者への影響ですが精神的に追い込まれて病気になったり、嫌気がさして会社を辞めることになったり、本人自身の人生が狂うだけでなく、経済的な問題などから最終的には家庭崩壊し、家族を含めた人生に大きな影響を与えることも珍しくありません。資料の12　138頁を見るとパワハラを受けた社員のうちメンタル面の問題が生じているという答えが80％超あり、多くの企業がメンタルに関する問題を抱えていることが分かります。パワハラが職場に与えるダメージも容易に想像できます。

2　職場環境（職場風土）に関する影響

仲間の一人がパワハラによって病気になったりすると、被害者だけでなく、それを見ている同僚を含め職場全員のこころに大きな影響を与えます。特に加害者が上司の場合は部下との信頼関係も崩壊し、人事部門としても何らかの対応を迫られることになります。パワハラ上司への対応は社員へのメッセージでもあり、形式的な注意など対応の仕方によっては、問題を更に大きくするかもしれません。

3　社会的信用に関する影響

パワハラ上司が行った言動などが不法行為や債務不履行責任に該当し、被害者や家族が訴訟を起こすことによって、そのことが社会に公開されるような場合には、社会的ダメージを受けることになります。

4　生産性（収益）に関する影響

パワハラは働く人のモチベーションに大きく影響し、生産性ひいては収益に影響することは十分に考えられます。

パワハラを企業の立場を中心に見てみると以上の通りでありますが、それを図示すると次頁のようになります。

また、働く人の立場から考えたらどうでしょうか。

パワハラの被害者は健康破壊や家庭崩壊によって将来・明日に向けた見通しが立たない、家族を含めて人生の設計が全くできないという事態に直面する可能性があるということです。職場の環境が原因でこのようなことはあってはなりません。

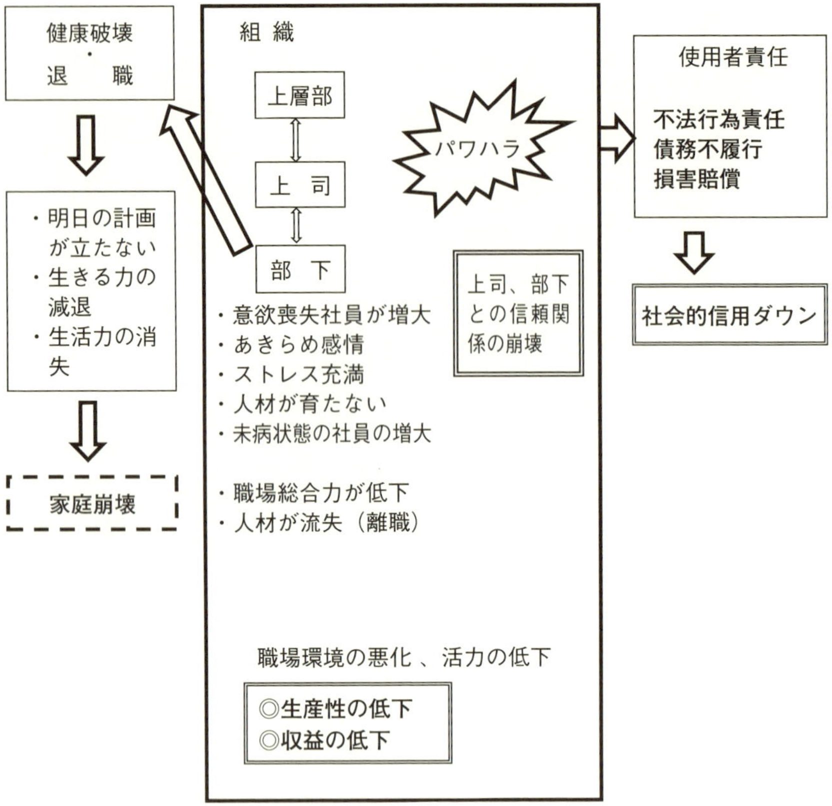
健康破壊
・
退　職
・明日の計画が立たない
・生きる力の減退
・生活力の消失
家庭崩壊
組 織
上層部
上 司
部 下
パワハラ
上司、部下との信頼関係の崩壊
・意欲喪失社員が増大
・あきらめ感情
・ストレス充満
・人材が育たない
・未病状態の社員の増大
・職場総合力が低下
・人材が流失（離職）
職場環境の悪化 、活力の低下
◎生産性の低下
◎収益の低下
使用者責任
不法行為責任
債務不履行
損害賠償
社会的信用ダウン

第3章 【参考資料】
出典：「あかるい職場応援団」厚生労働省

パワーハラスメントの現状に関する数字

都道府県労働局等への相談件数や労災補償の状況

1　都道府県労働局等への相談件数

都道府県労働局等に設置した総合労働相談コーナーに寄せられる「いじめ・嫌がらせ」に関する相談は年々増加しており、平成24年度においては相談内容の中でトップとなった。

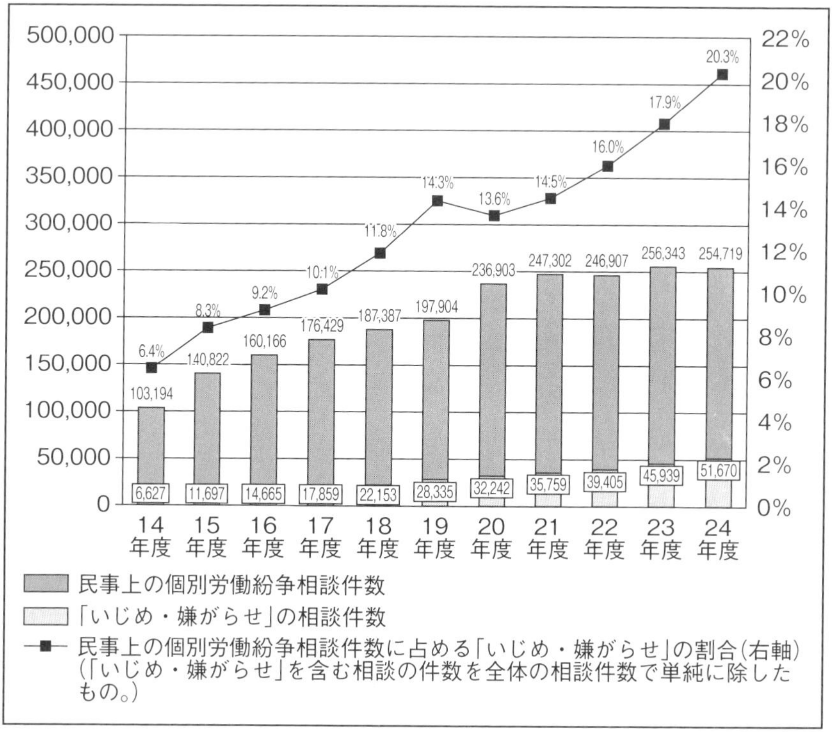

2　精神障害の労災補償状況

職場でのひどい嫌がらせ、いじめ、暴行や職場内のトラブルにより、うつ病などの精神障害を発病し、労災補償を受けるケースがある。対人関係による件数は年々増加している。

	21年度	22年度	23年度	24年度	25年度
精神障害の労災補償の支給決定件数全体	234件	308件	325件	475件	436件
（ひどい）嫌がらせ、いじめ、又は暴行を受けた	16件	39件	40件	55件	55件
上司とのトラブルがあった	9件	17件	16件	35件	17件
同僚とのトラブルがあった	0件	0件	2件	2件	3件
部下とのトラブルがあった	0件	1件	2件	4件	3件

出典情報

■個別労働紛争解決制度状況

・発表者：厚生労働省

・集計対象：平成14年度から平成25年度分を集計。

■脳・心臓疾患と精神障害の労災補償状況

・発表者：厚生労働省

・集計対象：平成21年度から平成25年度分を集計。

働く人の視点

3　パワーハラスメントについての経験の有無

過去３年間にパワーハラスメントを受けたことがあると回答した者は回答者全体の25.3%、パワーハラスメントを見たり、相談を受けたことがあると回答した者は回答者全体の28.2%、パワーハラスメントをしたと感じたり、したと指摘されたことがあると回答した者は7.3%であった。

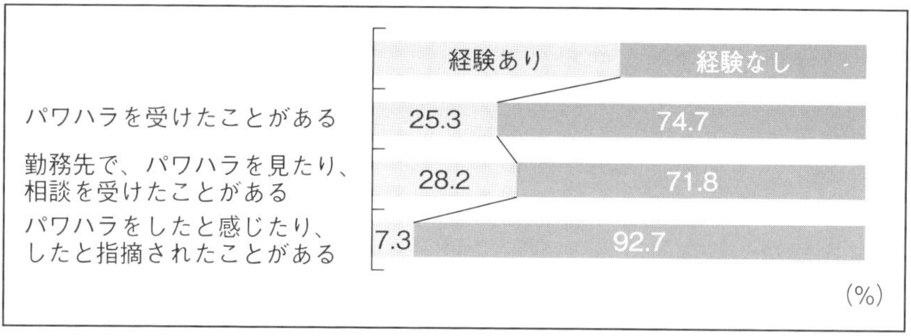

4　受けたパワーハラスメントの内容

過去３年間に受けたパワーハラスメントの内容としては、「精神的な攻撃」が際立って多くなっている。

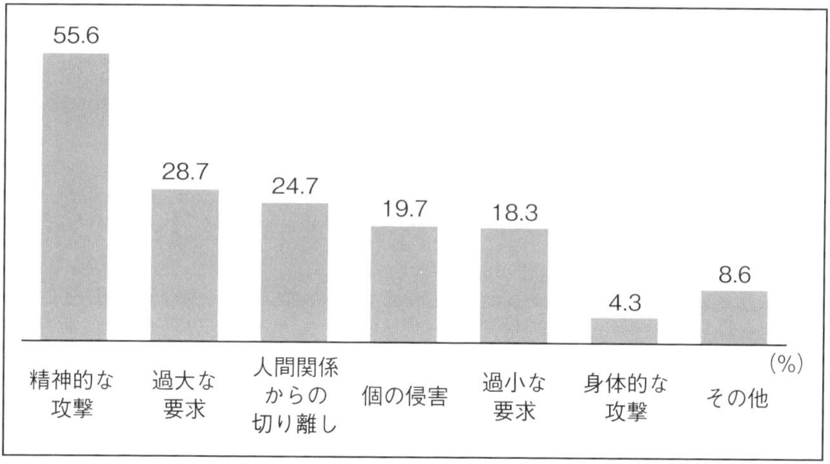

企業の視点

5　パワーハラスメントという言葉を知っているか

「パワーハラスメントという言葉を知っているか」の質問に対し、「言葉も内容も理解している」が90％と、ほとんどと言えるほど認知・理解されていることがわかる。

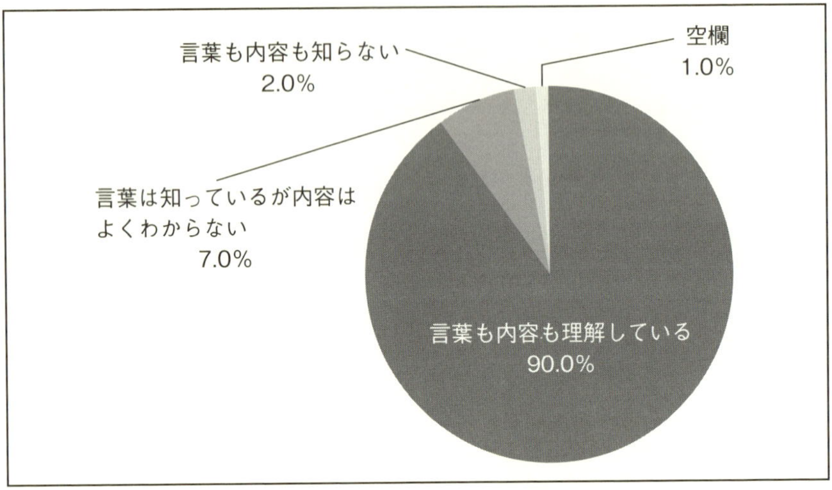

6　パワハラ対策は経営上重要な課題だと思うか。

企業の担当者に対して「職場のパワーハラスメントの予防・解決のための取組みは経営上の課題として重要か」を質問したところ、「非常に重要である」、「重要である」を合わせると、回答企業全体の80.8％が重要と認識している。また、従業員規模による差は見られるものの、パワーハラスメントの予防・解決のための取組みの重要性に対する認識は全般的に高いことがうかがえる。

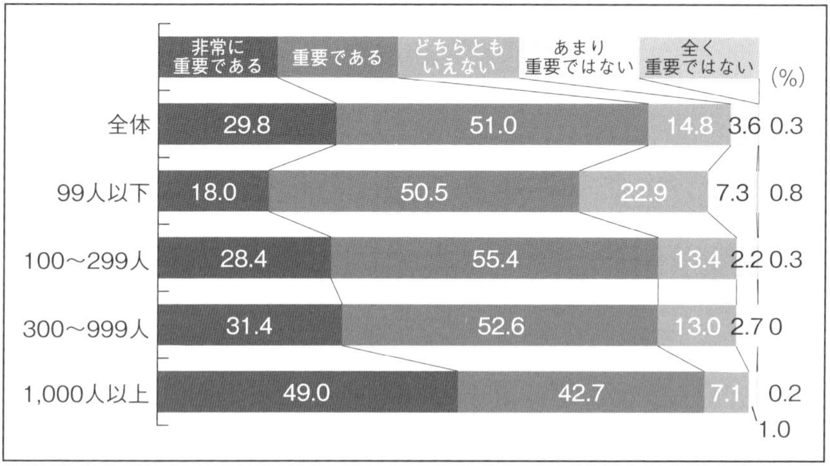

7　企業内でのパワハラの発生状況

実際に過去３年間にパワーハラスメントに関する相談を１件以上受けたことがある企業は回答企業全体の45.2％で、実際にパワーハラスメントに該当する事案のあった企業は回答企業全体の32.0％であった。

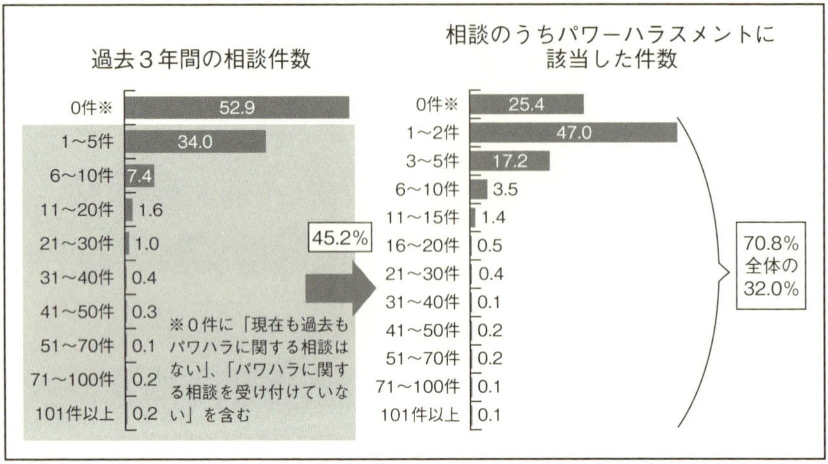

8　パワーハラスメントの内容

働く人に聞いた場合と同様、企業が把握したパワーハラスメントの内容についても、「精神的な攻撃」が際立って多くなっている。

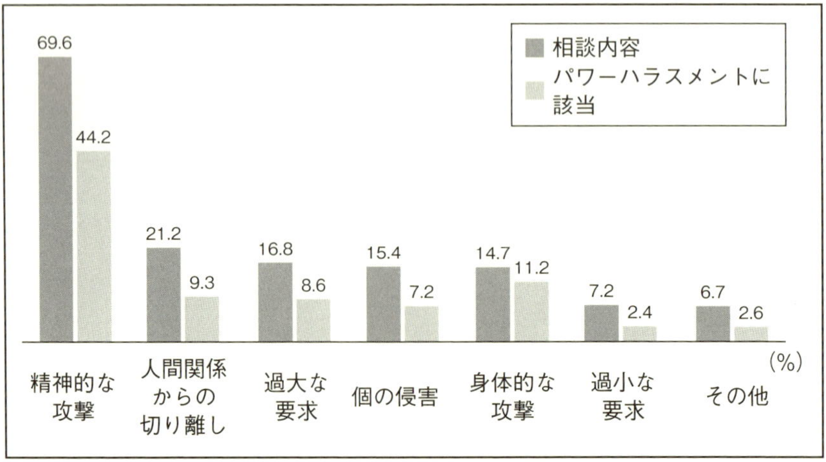

9　パワーハラスメントの当事者関係

企業に寄せられるパワーハラスメントに関する相談について、当事者の関係をみると、「上司から部下へ」、「先輩から後輩へ」、「正社員から正社員以外へ」といった立場が上の者から下の者への行為が大半を占めている。

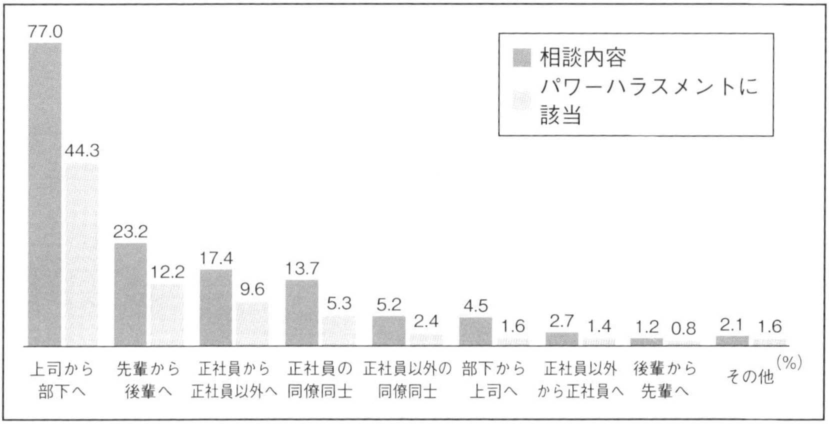

10　パワーハラスメントが発生している職場の特徴

企業調査において、パワーハラスメントに関連する相談がある職場に共通する特徴として、「上司と部下のコミュニケーションが少ない職場」が51.1％と最も多く、「正社員や正社員以外など様々な立場の従業員が一緒に働いている職場」（21.9％）、「残業が多い／休みが取り難い」（19.9％）、「失敗が許されない／失敗への許容度が低い」（19.8％）が続いている。従業員調査でも同様の傾向が示されている。

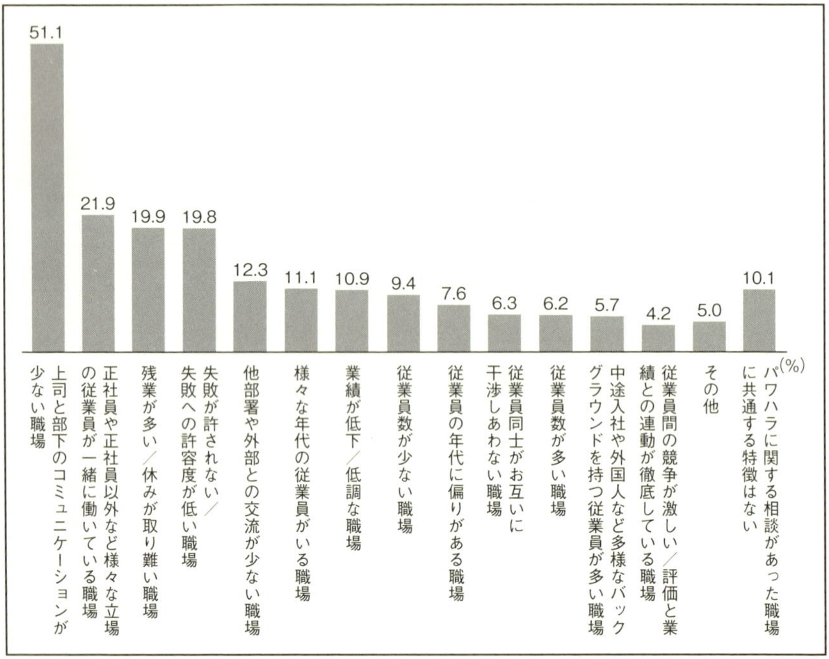

11　パワハラは企業にどのような影響を与えるか

パワハラが職場や企業に与える影響については、「職場の雰囲気が悪くなる」(97.1%)、「従業員の心の健康を害する」(95.5%) の２項目が９割を超えて高くなっている。

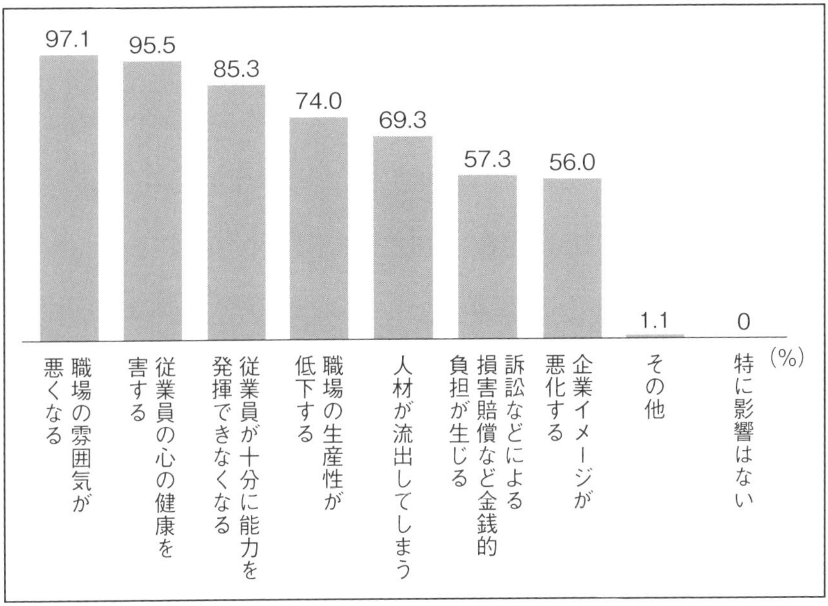

12　パワハラによりメンタル面の問題が生じているか

「パワハラを受けた社員のうち、かなりのものに生じていると思われる」と「パワハラを受けた社員のうち、ある程度のものに生じていると思われる」が合計で82％超と、多くの企業でメンタル面の問題が生じていると認識していることがわかる。

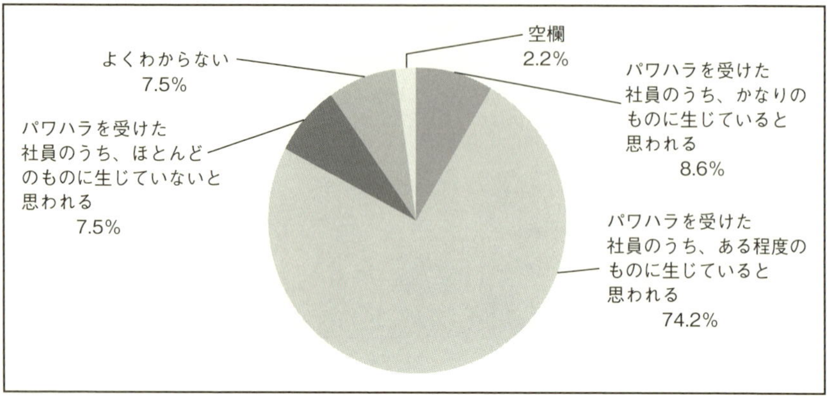

13　パワハラをきっかけの一つとして自己都合退職をした社員がいるか

「ある程度いると思われる」が29％となっているが、「ほとんどいないと思われる」が51％超となっており、各職場によって異なることがわかる。

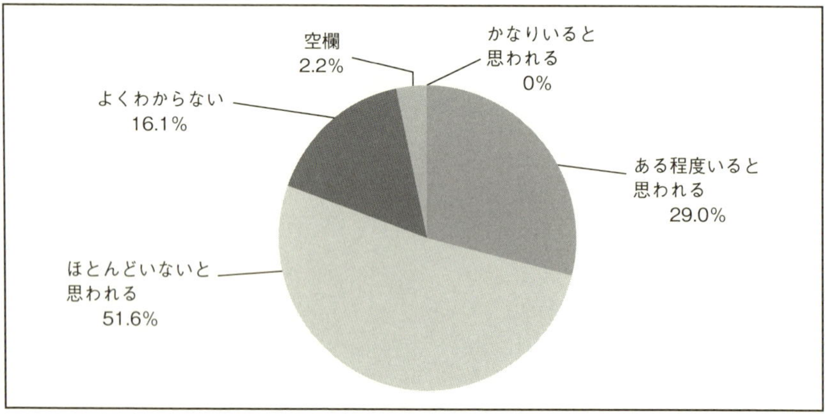

企業の取組に関する数字

14　従業員向けの相談窓口の設置状況

従業員の悩み、不満、苦情、トラブルなどを受け付けるための相談窓口を設置している企業は全体の73.4%であるが、従業員1,000人以上の企業では96.6%とほとんどの企業で相談窓口を設置しているのに対して、従業員99人以下の企業では37.1%と低い水準にとどまっている。

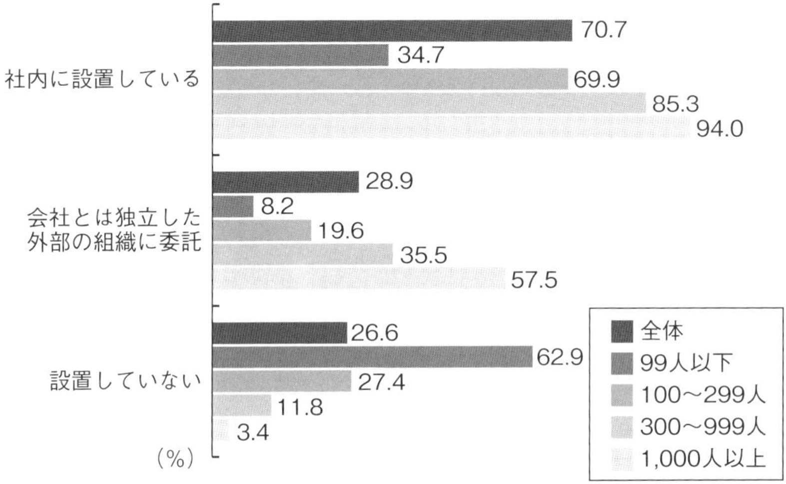

15　相談の多いテーマ

社内に設置した相談窓口で相談の多いテーマとして、パワーハラスメントはメンタルヘルスの不調に次いで多くなっている。

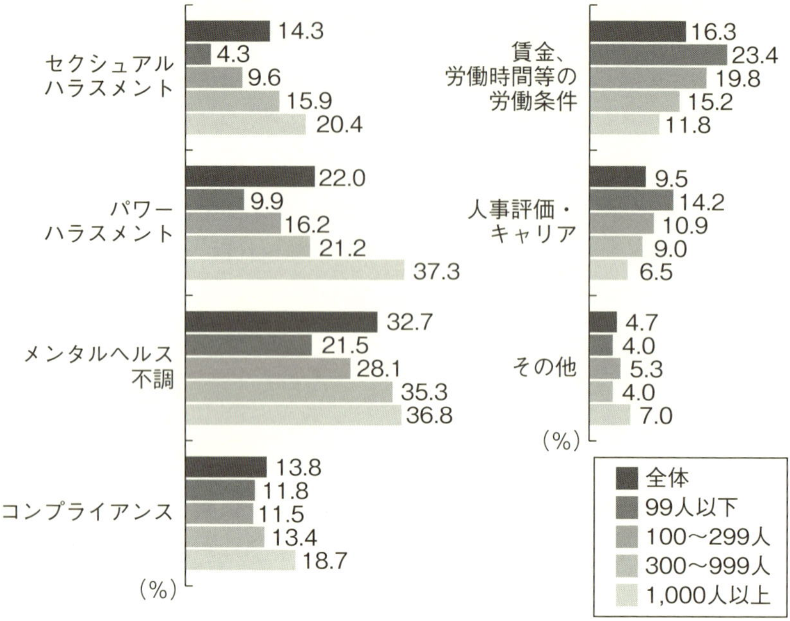

16　パワハラの予防・解決に向けた取組状況

予防・解決に向けた取組をしている企業は45.4％にとどまり、特に従業員99人以下の企業においては18.2％と２割を下回っている。

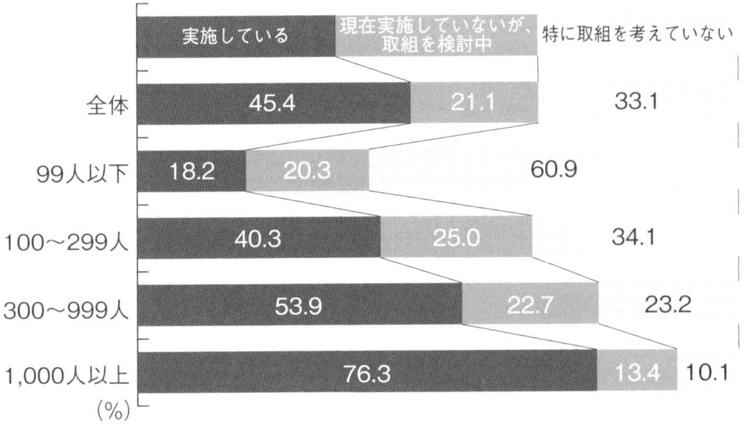

17　企業の取組内容

パワーハラスメントの予防・解決に向けた取組として実施率が高いのは、「管理職向けの講演や研修」で取組実施企業の64.0％で実施され、「就業規則などの社内規定に盛り込む」（57.1％）が続いている。実施している取組の効果が実感できるかという点については「講演や研修」など直接従業員に働きかける取組の効果の実感が高い一方で、「就業規則に盛り込む」といった事項では相対的に低くなる傾向が見られる。「就業規則に盛り込む」といった対応は企業規模に関わらず実施できるものの、「講演や研修」といった対応は一定程度の従業員規模がないと実施しにくいこともあり、特に従業員99人以下の企業での実施率が低くなっている。

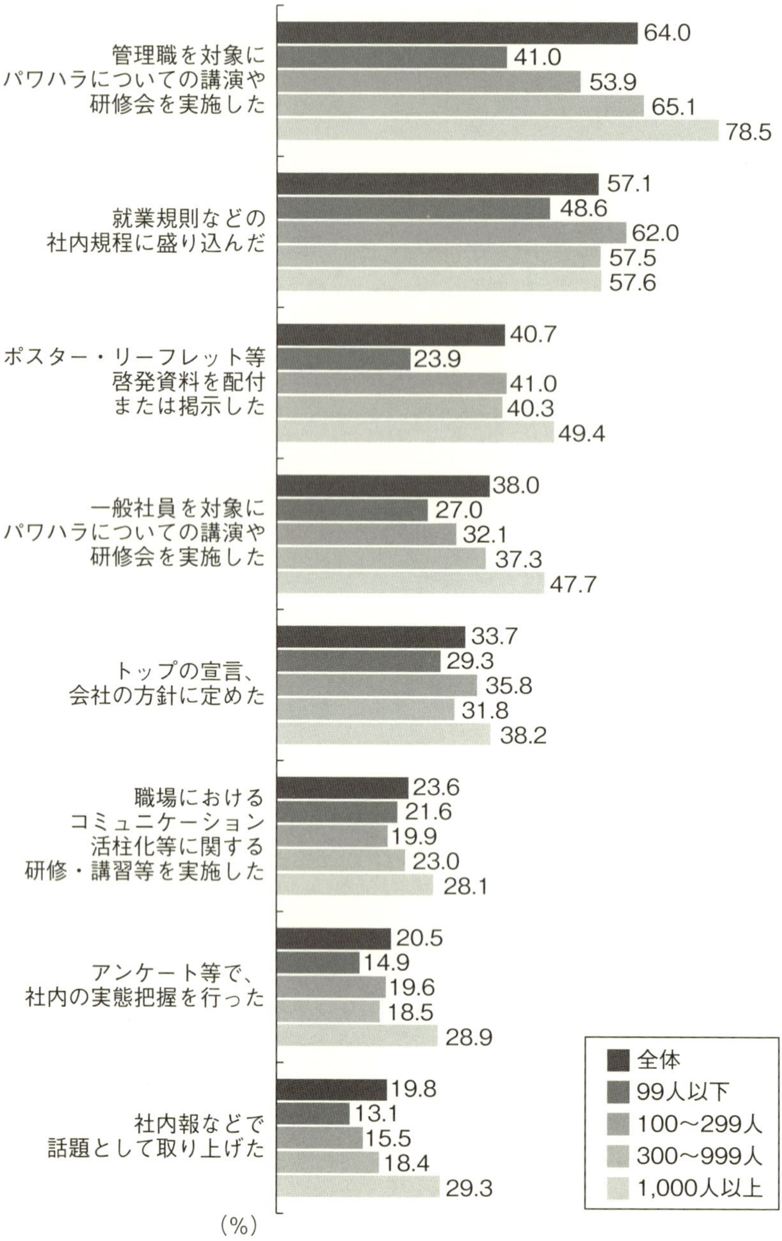
管理職を対象に
パワハラについての講演や
研修会を実施した
64.0
41.0
53.9
65.1
78.5
就業規則などの
社内規程に盛り込んだ
57.1
48.6
62.0
57.5
57.6
ポスター・リーフレット等
啓発資料を配付
または掲示した
40.7
23.9
41.0
40.3
49.4
一般社員を対象に
パワハラについての講演や
研修会を実施した
38.0
27.0
32.1
37.3
47.7
トップの宣言、
会社の方針に定めた
33.7
29.3
35.8
31.8
38.2
職場における
コミュニケーション
活性化等に関する
研修・講習等を実施した
23.6
21.6
19.9
23.0
28.1
アンケート等で、
社内の実態把握を行った
20.5
14.9
19.6
18.5
28.9
社内報などで
話題として取り上げた
19.8
13.1
15.5
18.4
29.3
(%)
全体
99人以下
100〜299人
300〜999人
1,000人以上

18　予防・解決に向けた取組の効果

前記の取組のうち、効果を実感した比率が最も高いのは、取組実施率でも最も高かった「管理職を対象にパワハラについての講演や研修会を実施した」で、実施企業の77.3％で効果を実感している。また、「一般社員を対象にパワハラについての講演や研修会を実施した」（70.6％）、「アンケート等で、社内の実態把握を行った」（62.1％）、「職場におけるコミュニケーション活性化等に関する研修・講習等を実施した」（61.2％）など、管理職や一般社員に直接的に働きかける取組において効果を実感している比率が高くなる傾向が見られた。

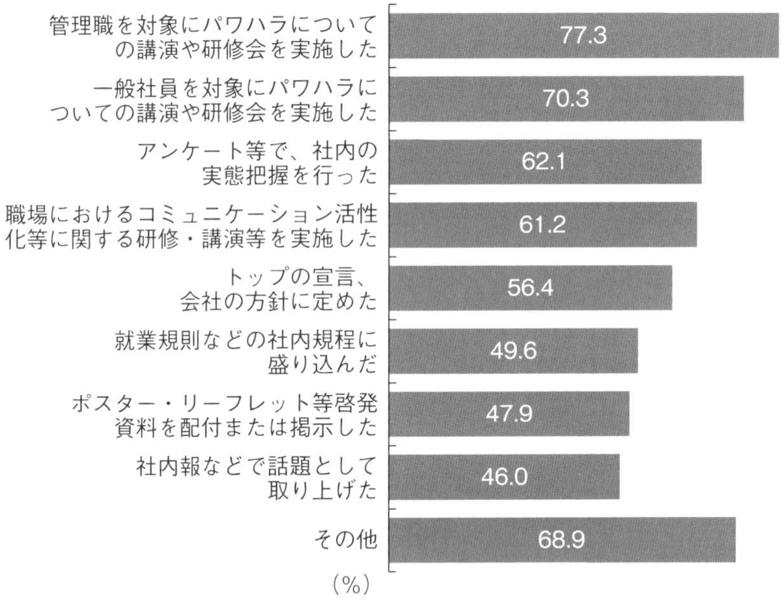

19　パワハラの予防・解決以外に得られた効果

パワハラの予防・解決の取組を進めた結果、パワハラの予防・解決以外に得られた効果としては、「管理職の意識の変化によって職場環境が変わる」が取組実施企業の45.7％で最も高く、「職場のコミュニケーションが活性化する／風通しが良くなる」（32.6％）、「管理職が適切なマネジメントができるようになる」（29.8％）といった項目の比率が高くなっている。

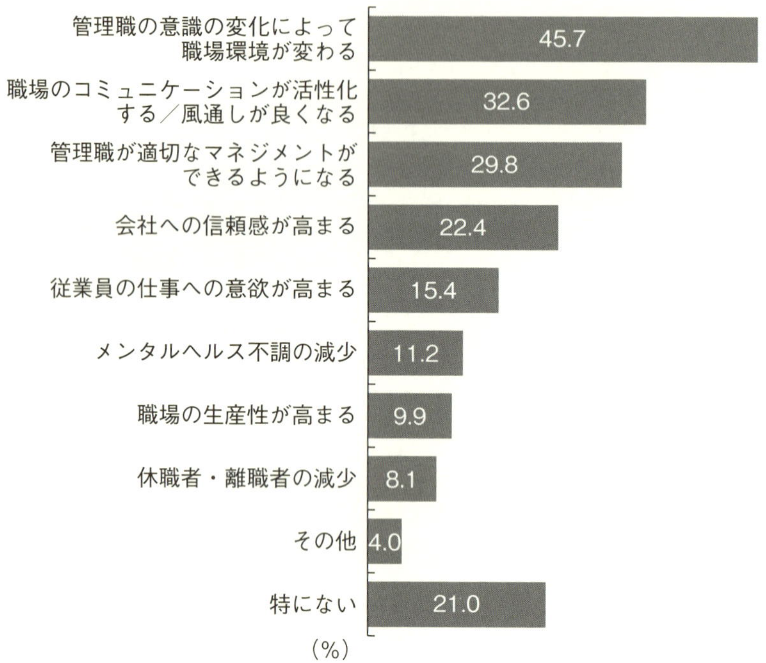

出典情報

■職場のパワーハラスメントに関する実態調査

・調査主体：厚生労働省（委託事業として東京海上日動リスクコンサルティング株式会社が実施）

・調査時期：企業調査　平成24年7月～9月　従業員調査　平成24年7月

・調査対象：企業調査　全国の従業員（常勤社員）30人以上の企業17,000社、回収数4,580社　従業員調査　全国の企業・団体にお勤めの20～64歳までの男女（公務員、自営業、経営者、役員は除く）

・調査条件等：本調査では、職場のパワーハラスメントを「同じ職場で働く者に対して、職務上の地位や人間関係などの職場内の優位性を背景に、業務の適正な範囲を超えて、精神的・身体的苦痛を与える又は職場環境を悪化させる行為」として実施（ただし、企業調査では企業としてパワーハラスメントの概念を独自に定義している場合はその定義に基づいて回答）。

■パワーハラスメントの実態に関する調査研究

・調査主体：中央労働災害防止協会

・調査時期：平成17年1月

・調査対象：東証一部企業より無作為に1000社を抽出

・調査条件等：本調査では「パワーハラスメント」を「職場において、職権などの力関係を利用して、相手の人格や尊厳を侵害する言動を繰り返し行い、精神的な苦痛を与えることにより、その人の働く環境を悪化させたり、あるいは雇用不安を与えること」と定義して実施。

第3部

上司のドリル

第１章　「上司」と「部下」その関係と役割

現在、あなたは「上司」という役割を果たしています。

もちろん、上司であるあなたにも上司がおり、同時に、部下の役割も果たしています。

そこで、まず「上司の役割」について考えることにします。

質問１

今、あなたは「部下に対する上司の役割」をどう考えていますか？
それを実現するために具体的に実施している内容を答えて下さい。

解答欄

□　上司の役割と具体的な実施内容

部下に対する上司の役割	具体的な実施内容

【質問1の解説】

質問1 今、あなたは「部下に対する上司の役割」をどう考えていますか？ それを実現するために具体的に実施している内容を答えて下さい。

狙い：自分が役割を担っている「上司」という存在をどう考えて実践しているか確認する

あなたは今まで学習したマネージメント関連書籍、管理者研修講座などで管理者はこうあるべきというような内容に触れてきたことでしょう。更には、会社の方針、上司の期待、今日までの経験、体験から以下のような答えがあったのではないでしょうか。

例えば「目標を設定し成果を出すこと」「部下の育成」「リーダシップの発揮」「組織の諸施策の決定者」等です。

さて、以上のようなことを具体的にどう実現するかが重要です。“考え方は、しっかりしているけど、実行が伴わない上司”では、部下としても困ります。

上司の基本的役割の一つは企業、職場を取り巻く環境の変化に対応しながら「部下の力を最大に発揮させ、目標を実現すること」といえるでしょう。

あなたが、もし、そのような考え方に立つなら、「部下が安心して思う存分働ける環境をつくること」その結果として「組織に於いて存在感を発揮できる人材に育てること」が大きな役割と言えます。

コラム　8 マネージャーの役割　P.F　ドラッカー

P.F　ドラッカーはマネージャーには二つの役割があると述べている。

① 第一の役割は、部分の和より大きな全体、すなわち投入した資源の総和よりも大きなものを生み出す生産体を創造することである。それは、オーケストラの指揮者に似ている。オーケストラでは、指揮者の行動、ビジョン、指導力を通じて、各パートナーが統合され生きた音楽になる。従ってマネージャーは自らの資源、特に人的資源のあらゆる強みを発揮させるとともに、あらゆる弱みを消さなければならない。

② 第二の役割は、そのあらゆる決定と行動において、直ちに必要とされているものと遠い将来に必要とされるものを調和させていくことである。

(引用：マネジメント【エッセンシャル版】 P.F. ドラッカー著　上田惇生編訳　ダイヤモンド社)

質問2

あなたにとって「理想の上司像」というのはどんな上司ですか？
今までに、どのような上司の下で働いた時がこころと身体が充実していましたか、逆に一緒に働きたくない、という上司はいましたか。そこに「理想の上司像」の一つのヒントがあると思います。
人間的な側面、行動面、仕事の成果等に着目して答えて下さい。

解答欄

□　あなたの「理想の上司像」はどんな上司？

なるべく具体的に書いて下さい。

例：○○○ができる上司

周囲から○○○だねという声が聞こえる。

会社、組織の中で○○○という存在　など

【質問２の解説】

> 質問２
> あなたにとって「理想の上司像」というのはどんな上司ですか？
> 今までに、どのような上司の下で働いた時がこころと身体が充実していましたか、逆に一緒に働きたくない、という上司はいましたか。
> そこに「理想の上司像」の一つのヒントがあると思います。
> 人間的な側面、行動面、仕事の成果等に着目して答えて下さい。

狙い：「自分はこんな上司になる」という目標をもっているかを確認する。

１　あなたの解答は、どのタイプでしたか。

「Ａ：成果を重視する上司」のタイプ　【業績志向】
「Ｂ：部下を大事にする上司」のタイプ　【人間志向】
「Ｃ：Ａ，Ｂのバランスのとれた上司」タイプ　【バランス志向】

あなたは上司として「成果」、「人間」のどちらに関心が高いか考えて下さい。

コラムの「PM理論」を参考にしてください。

これは目的達成機能と集団維持機能という２つから成り立っています。そして、リーダーシップを４つに分類して評価するものです。

２　その他の期待される上司像の例示

１）部下の先頭を走る上司
部下は上司の背中を追いかける。
上司が自分を磨き続け、部下の前を走り続ければ、それだけ部下は成長する。

２）本気で「部下」と「仕事」に取り組む上司
①本気で部下の将来を考え指導する。

②職場を良くするための目標を持ち、そこに向かって関係部門を巻き込んで前進する。

3）柔軟に仕事・部下へ対応できる上司

状況に応じて、AもしくはBの形でリーダーシップを発揮する。

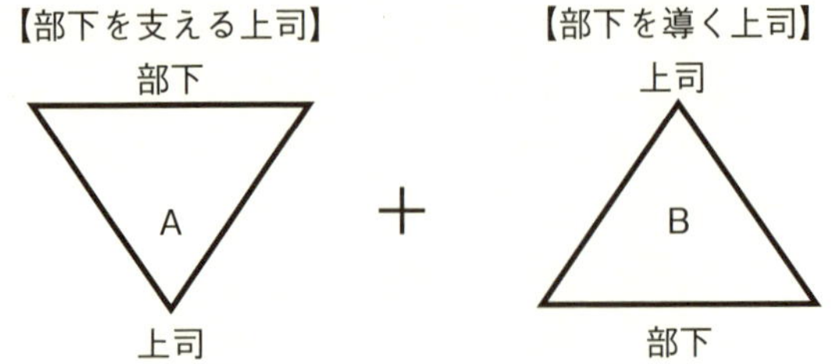

自分が考えた「理想の上司像」を、必要に応じて修正しながら意識し続けることが、なによりも肝要です。

コラム　9　PM理論

三隅　二不二（みすみ　じゅうじ）

P機能　(Performance function)　目的達成機能

生産性を高めるような働きをすること　（部下への指示、叱咤激励など）

M機能　(Maintenance function)　集団維持機能

人間関係に配慮し、集団のチームワークを強固にするような働きをすること

P ↑ (p → P)

Pm型 仕事に対しては厳しいが、グループをまとめるのは苦手 ①目標を達成する力はある ②集団を維持強化する力は弱い	PM型 生産性を求めつつ、集団の維持にも気を配る。リーダーの理想像 ①目標を達成する力がある ②集団を維持、強化する力もある
pm型 仕事に甘く、部下の面倒見も悪い ①目標を達成する力は弱い ②集団を維持強化する力も弱い	pM型 部下の面倒見は良いが、仕事では甘い面がある ①集団を維持強化する力はある ②目標を達成する力は弱い

m → M

質問3

1）あなたの部下はあなたのことをどんな上司だと思っているでしょうか？
部下一人ひとりの立場に立って簡潔に答えて下さい。
自分で考えた解答を見てどう感じましたか？

2）「あなたが考える理想とする上司」と「部下が考えた上司としてのあなた」にどのような違いがありましたか？
もしあった場合、その違いについてどう感じましたか？
答えて下さい。

解答欄

1）部下が思っている上司としてのあなた

例　（　　A　　さん）・・・・自分に甘く、部下に厳しい。

（　　B　　さん）・・・・やさしすぎる。仕事はもう少し厳しくてもよい。

①（　　　　さん）・・・・

②（　　　　さん）・・・・

③（　　　　さん）・・・・

④（　　　　さん）・・・・

⑤（　　　　さん）・・・・

□　自分で考えた解答を見て感じたこと

2）「あなたが考える理想とする上司」と「部下が思っている上司としてのあなた」の違い

□　違いの内容

□　違いについて感じたこと

【質問３の解説】

質問３
1）あなたの部下はあなたのことをどんな上司だと思っているでしょうか？
部下一人ひとりの立場に立って簡潔に答えて下さい。
自分で考えた解答を見てどう感じましたか？
2）「あなたが考える理想とする上司」と「部下が考えた上司としてのあなた」にどのような違いがありましたか？
もしあった場合、その違いについてをどう感じましたか？
答えて下さい。

狙い：自分が考える上司像と部下の考える上司像を比較することによって、冷静に自分の上司ぶりを振りかえり今後の行動指針とする。

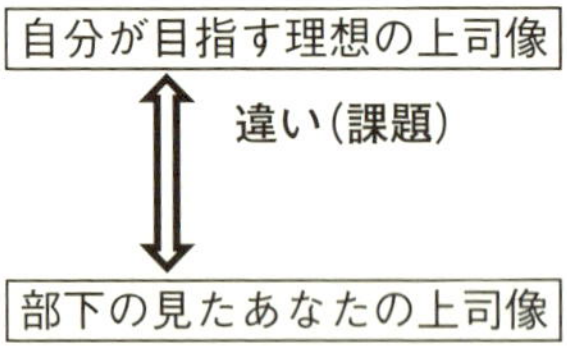

違い（課題）があきらかになれば、自分の向上目標が明確になります。
具体的な方策を自分で考え、実践し、一歩ずつ自分が目指す上司像に近づいていきましょう。そのためには自分の目指す上司像を意識し続けることが不可欠です。

プレイングマネジャーである上司のほとんどは、上から課せられた目標達成に全力を傾け、限られた時間で仕事を管理し、部下にかかわっています。
上司が目標達成のために、部下の“頭脳を使わず、手足だけを使う”こともあります。しかし、その上司のほとんどはそのことに気づいていないのです。そんな部下からは「俺たちは道具でない」というような悲鳴が聞こえてきます。

また、一昔前のように課題の進捗確認は部下に任せ、アウトプットを催促し、時間がきたらマイペースで退社しているにもかかわらず、時には「飲みニケーション」と称し部下の状況も気にせず付き合わせる上司がたまにいます。部下から「そんな時間はないよ。少しは俺たちの仕事の実態を理解してよ」「誘われたら３回に１回くらいは付き合わなければしょうがないな」というボヤキが聞こえてきます。

・部下にとって状況を把握できない上司や、嫌な上司に仕えるほど、辛くて不幸なことはありません。
・部下にとって自分を大切な存在と考えてくれる上司に仕えることは、幸福なことです。

この質問では部下の立場になって、はじめて上司のあり方について考えてみました。きっと新しい発見や気づきがあったのではないかと思います。その気づき等をメモしておいてください。

【メモ欄】

質問4

あなたにとって現在の「部下」はどんな存在ですか？
部下一人ひとりに対してどんな期待、気持（感情）を抱いているか役割、貢献度、性格、仕事への取組み姿勢等を踏まえて答えて下さい。

解答欄

□　部下に対する期待、気持を整理する

〈記入例〉

A　　　さん・・・・力を出し惜しみしないで全力でやって欲しい。

B　　　さん・・・・コンスタントに成果を出してくれてありがとう。

さん・・・

さん・・・

さん・・・

さん・・・

さん・・・

【質問４の解説】

質問４
あなたにとって現在の「部下」はどんな存在ですか？
部下一人ひとりに対してどんな期待、気持（感情）を抱いているか
役割、貢献度、性格、仕事への取組み姿勢等を踏まえて答えて下さい。

狙い：部下を上司（自分）との関係でどんな存在、位置付けと考えているかを確認する。

今までの自分と部下の関係から答えを記入したことでしょう。
「重要な戦力」「上司の手足のように動く存在」「上司の指示したことを実現する」「上司の責任を果たす人」「育てる対象」「仲間」「同僚」「問題を起こす厄介な存在」「いつも気にかける存在」等多く出されたと思います。

では、明日から部下が一人も会社に来なくなったらどうでしょうか。あなたは一人で組織目標を達成できますか？お客様への対応ができますか？
多くの上司の答えはNOではないでしょうか。
そのようなことから以下のことが言えます。
１）上司は部下を通じて役割を果たし、成果をあげる。
部下はあなたの役割の一部を担うことを仕事としている人です。
また、上司の仕事の成果は、自分が直接あげた成果と部下一人ひとりの成果の総和と言えます。
２）上司のやりがい・生きがいは部下と共に実現する。
３）上司は部下の人生、生活に大きな影響を与えているのと同様、上司の立場や生活も部下によって支えられている。

質問5

あなたにとって「理想の部下像」とはどのような部下でしょうか？

以下の二つのことを整理してから答えてください。

1）上司としてどのような部下と仕事をしたいですか？

2）あなたは上司にとってどんな部下でありたいですか？

　部下の立場で考えてください。

今までの経験などで「目標が実現できた」「成果が出た」「チームワークがよかった」「うらやましがられるほど一体感があった」「楽しく仕事ができた」など上司として充実していた時期の部下たちを思い出すと参考になると思います。

解答欄

1）上司としてどのような部下と仕事をしたいか

2）あなたは上司にとって、どんな部下でありたいか

□　1）、2）を踏まえたあなたの「理想の部下像」

【質問5の解説】

質問5

あなたにとって「理想の部下像」とはどのような部下でしょうか？以下の二つのことを整理してから答えて下さい。

1）上司としてどのような部下と仕事をしたいですか？

2）あなたは上司にとってどんな部下でありたいですか？

狙い：あなたの理想とする部下とあなたの部下像にどのような違いがあるかを認識し、上司としてのあり方のヒントとする。

1）上司から見た「理想の部下像」は上司自身の経験、立場、能力、役割によって異なるかもしれませんが、組織目標を実現する中心的な存在であることは異論がないでしょう。
主な答えには以下のような内容が挙げられたでしょう。

・与えられた目標を達成する実行力ある部下
・明るく元気で、素直な部下
・コミュニケーション能力があり、職場や関係部門のメンバーと信頼関係がつくれる部下
・上司の方針、考え方を理解し挑戦的に行動する部下
・自分の意見を持っている部下
・柔軟性がある部下
・ストレスに強い部下

簡潔に表現すると「明るく元気で、仕事ができる部下」ということでしょう。

2）また、立場を変えて「どんな部下になりたいか」と考えた時には、以下のような答えが挙がったのではないでしょうか。

・目標達成に貢献できる部下
・上司の考えていることを的確に理解し期待以上に行動する部下
・上司から相談される頼りになる部下
・上司に意見、アイデア等を提言できる部下
・仕事を通じて自ら成長することができる部下
・ムード・メーカーとして組織を明るく元気にする部下
・上司に気に入られる部下

というような答えが挙がったでしょう。
要するに「上司に必要とされ、組織のメンバーにも、自分の存在をしっかり認めてもらえる部下」と言えます。
上司が考えると業績志向で「上司に都合の良い部下像」になりがちです。
部下の立場としては、ワーク・ライフ・バランスも意識しながら「組織で役割をしっかり果たしていきたい」という気持ちがあります。

いづれにしても、上司と部下の間では、上司主導で考え方の共有化をはかり、それぞれの役割が果たせる関係づくりをする必要があります。

第2章 部下のストレスの原因

さて、ここでは「働く人のストレスの内容」について見てみましょう。
下記の調査結果<表１>を上司の立場で考えてみましょう。

<表１>仕事や職業生活に関する強い不安、悩み、ストレスの有無及び内容別労働者割合

強い不安、悩み、ストレスがある労働者
60.9％

強い不安、悩みストレスのない労働者
39.1％

（単位：％）

強い不安、悩み、ストレスの内容（３つ以内の複数解答）	H24年 合計	H24年 男性	H24年 女性	（H19年合計）
職場の人間関係の問題	41.3	35.2	48.6	38.4
仕事の質の問題	33.1	34.9	30.9	34.8
仕事の量の問題	30.3	33.0	27.0	30.6
会社の将来性の問題	22.8	29.1	15.0	22.7
定年後・老後の問題	21.1	22.4	19.6	21.2
仕事への適性の問題	20.3	19.6	21.0	22.5
昇進・昇給の問題	18.9	23.2	13.7	21.2
雇用への安定性の問題	15.5	12.8	18.7	12.8
配置転換の問題	8.6	8.7	8.3	8.1
事故や災害の経験	2.1	2.3	1.9	2.3
その他・不明	8.2	6.0	11.1	9.3

出典：H24　労働者健康状況調査　厚生労働省

質問１

上司の立場で<表１>「労働者健康状況調査：仕事や職業生活に関する強い不安、悩み、ストレスの有無及び内容別労働者割合」を見て何を感じますか？

感じたこと、気がついたことを整理し、答えて下さい。

（原因は次の質問２で考えます。）

解答欄

上司の立場で<表1>を見て感じたこと、気がついたこと

□感じたこと（感想含む）、気がついたこと

【質問１の解説】

> 質問１
> 上司の立場で<表１>「労働者健康状況調査：仕事や職業生活に関する強い不安、悩み、ストレスの有無及び内容別労働者割合」を見て何を感じますか？
> 感じたこと、気がついたことを整理し、答えて下さい。

狙い：上司の立場で「職場における強いストレスの内容」を確認することによって、自分の部下もそのような強いストレスに苛まれている可能性を認識する。

質問１では、上司として、<表１>から現時点で感じたこと、気づいたことを整理しました。それをまず吟味してください。

研修などで意見を聞くと以下の３つに該当する答えを出される方が圧倒的に多い。

①男性と女性のストレスの差
人間関係は女性の比率が高いなど
②将来的なことは男性の比率が高い
昇進・昇給、会社の将来性など
③調査時点の景気の背景なども含めて今回調査と前回調査の差について

参考ですが、研修などで上司のみなさんに「あなたの部下は仕事や職場ではどのような悩み、ストレスを感じていると思いますか？」と質問をすると以下の答えがよく見受けられます。（回答が多い順ではありません）

①仕事の負荷（過重労働）

②家庭との両立（介護・育児など）
③上司や同僚、取引先との人間関係
④上司から与えられた目標の達成
⑤仕事の難易度
⑥上司のやり方、姿勢
⑦仕事の納期、責任
⑧昇進・昇格・評価
⑨雇用継続などの不安（非正規社員など）
⑩賃金など経済的な不安
⑪病気になるのではという健康不安
⑫今の職場での将来に対する不安

質問2

＜表１＞の強い不安・悩み・ストレスの内容を見て、あなたはその原因はなんだと感じますか。
あなたが重要だと思うものを３つ答えて下さい。

解答欄

＜表１＞の強い不安・悩み・ストレスの原因

1

2

3

【質問２の解説】

> 質問２
> ＜表１＞の強い不安・悩み・ストレスの内容を見て、あなたはその原因はなんだと感じますか。あなたが重要だと思うものを３つ答えて下さい。

１）この問題を考える場合に、以下の基本的事項を認識する必要があります。その上で質問に答えましょう。

① 職場は仕事をするところである
② 職場のストレスは仕事から発生する
③ 仕事は上司の指示に基づき行なう
④ 会社の人事労務政策も上司を通じておこなわれるものが多い
⑤ 多くの仕事は組織内外の人との連携で行う

２）原因としてどのようなものが挙げられたでしょうか。

① 職場の要員状況
② 人事政策、人事制度の在り方
③ 成果主義
④ コミュニケーション能力の低下
⑤ 非正規社員、外国人労働者の進出による職場構成の多様化
⑥ IT化の定着
⑦ 上司の在り方

３）＜表１＞「仕事や職業生活に関する強い不安、悩み、ストレスの内容」の中で下記の①〜⑥は上司の仕事に関係しています。

①職場の人間関係の問題　②仕事の質の問題　③仕事の量の問題
④仕事への適性の問題　⑤昇進・昇給の問題　⑥配置転換の問題

職場の人間関係を良好に維持するのは上司の仕事、部下の適性を見極めて質と量を考慮して仕事を与えるのは上司の重要な仕事です。

　また、昇進・昇給など部下の評価も上司の極めて重要な仕事、配置転換も上司が決定に参画します。

そのことから、上司は働く人のストレスに大きくかかわっていることは明確でしょう。

職場のストレス対策は上司が部下の能力・適性を正しく把握し適切に仕事を与えることが基本だということを理解いただきたいと思います。上司が「管理の基本」を習得し実践することが何よりも重要なストレス対策といえます。

私が「部下にとって上司は最大の職場環境」という一つの根拠です。

働く人にとって上司が最大の職場環境なら「上司が仕事をしやすい環境」をつくることが重要です。上司が心にゆとりをもって部下に接すれば、部下の働く状態も安定し、生産性の向上、業績の拡大につながるものと確信しています。

経営者・人事部門の皆さんにはその環境づくりの推進をお願いします。

質問３

下記の＜表２＞、＜表３＞を見て、上司として何を感じましたか？特に＜表３＞を見て、なぜストレスに関して上司に相談する部下が少ないと思いますか？
理由を答えて下さい。

＜表２＞
相談できる人の有無及び種類別労働者割合（複数回答）

相談相手	H24年			（H19年合計）
	合計	男性	女性	
家族・友人	82.1	76.9	87.3	80.3
上司・同僚	66.9	67.2	66.6	62.1
産業医	3.2	4.1	2.2	1.2
産業医以外の医師	3.9	4.6	3.1	2.1
保健師または看護師	3.0	2.9	3.1	1.3
カウンセラー等	2.4	1.9	2.8	0.9
衛生管理者または衛生推進員	1.2	0.9	1.5	0.3
その他	3.7	3.3	4.1	2.1

出典：H24労働者健康状況調査　厚生労働省

＜表３＞

性別にみたストレスの相談相手（複数回答）

相談相手	合計	男性	女性
家族	54.5	49.7	59.3
友人・知人	47.2	37.5	56.2
職場の上司	4.4	6.1	2.9
学校の先生	1.0	0.8	1.3
公的機関の相談員	1.3	1.1	1.5
民間の相談機関の相談員	0.5	0.4	0.6
病院・診療所の医師など	6.2	5.5	6.8
テレビ・ラジオ、新聞などの相談コーナー	0.7	0.7	0.7
上記以外で相談している	1.3	0.8	1.7
相談したいがためらっている	3.3	3.3	3.3
相談したいが相談先がわからない	3.6	4.2	3.0
相談する必要がない	15.5	22.2	9.4

「職場の上司」は全体では4.4％ですが年齢別にみると男性の25～34才12.1％、35～44才11.5％、45～54才6.1％となっています。女性は25～34才5.3％、35～44才４％、45～54才3.2％です。働く人の中心では男性は10％程度、女性では４％程度です。

出典：Ｈ12年保健福祉動向調査　厚生労働省

解答欄

□　上司の立場で<表２>、<表３>を見て感じたこと

□　ストレスに関しては上司に相談する人が少ない理由

【質問３の解説】

> 質問３
> ＜表２＞、＜表３＞を見て、上司として何を感じましたか？特に＜表３＞を見て、なぜストレスに関して上司に相談する部下が少ないと思いますか？
> 理由を答えて下さい。

狙い：なぜ部下はストレスに関連したことを上司に相談しないかを認識する。

＜表３＞は古いデータですが、その調査から上司は相談相手になっていないことがわかります。おそらく今もそう変わらないと考えます。上司の実態からしてむしろもっと低くなっているかもしれません。

そのことから、何を想像できますか。

現場ではこんなことが起こっています。

部下の診断書を持った上司が人事部に報告に来た時のやり取りです。

上司　「〇〇君からうつ病の診断書が突然出てきて……」
人事　「なぜ、ここまでわからなかったのか？」
上司　「今思えば最近、遅刻が多かったり、ミスを度々したりおかしいと思っていた。」

なぜ、上司はストレスに関連する相談相手になれないのでしょう？

一般的には以下のことが考えられます。

1）質問２で学習したように、ストレスの原因が上司であることが想像できるが、上司に「あなた（上司）のために私は苦しんでいる」とはなかなか言えません。また上司が忙し過ぎて声をかけにくい状況も考えられる。
2）昇進・昇格の妨げになるので、上司に「弱み」を見せたくない。

3）家庭等のプライバシーを上司に知られたくない。
なかでも1）が大きな原因ではないかと私は考えます。

一方、上司はみなプレイング・マネージャーであり、部下の日常の変化を読み取り、タイムリーに対応することはできないのが現実です。

この状況をカバーする特効薬は簡単には見つかりませんが、その一つが日頃の上司と部下との信頼関係の構築です。そのためには「上司を支える部下を本気で大事にする、感謝するこころ」が大切です。

質問4

あなたはストレスに関する悩みをだれに相談しますか？過去に相談した人、必要になったら相談したい人の名前を数名あげ、なぜその人を相談相手に選んだのか、その理由を答えて下さい。

解答欄

相談相手に選んだ人	選んだ理由

【質問４の解説】

質問４
あなたはストレスに関する悩みをだれに相談しますか？
過去に相談した人、必要になったら相談したい人の名前を数名あげ、なぜその人を相談相手に選んだのか、その理由を答えて下さい。

狙い：どのような人が相談相手にえらばれるかを確認する。

自分が選んだ相談したい人や過去に相談したことがある人に共通することはどんなことでしたか。

解答には「約束を守る」「口が堅い」「公平」ということに加えて「普段から気にかけてくれている」、「一緒に苦労を共にした人」、「自分の理解者」、「的確な答えを期待できる人」など信頼できる人があげられたのではないでしょうか。

仕事に関する相談は基本的には上司にします。それに対してストレスの問題は自分自身の気持ち、考え、場合によっては家庭の問題などをさらけ出すことになるので、仕事の相談のようにはいきません。そこには普段からの人間的な安心感、強い信頼関係が必要です。

相談内容によっては、客観的に物事がみれる第三者がふさわしいこともあります。

上司としてそのことを認識していることも重要です。

第3章 あなたの「対人キャラクター」

部下にとって最大の職場環境である「上司」が職場総合力を発揮していくには、部下の信頼を得る必要があります。そのためには、まず上司自身が自分を理解することから始めることが肝要です。

人に接する時、私たちは無意識のうちに、上司、部下、同僚、友人、家族など接する相手に対して様々な性格・個性・態度などをメッセージとして出しています。本書ではその人に対して出している性格・個性・態度などを『対人キャラクター』と呼ぶことにしました。

これから、自分の性格、個性、態度などを知らず知らずのうちに伝えていることを具体的に理解するワークを始めたいと思います。

次頁の言葉は 『対人キャラクター』の例示です。これから「対人キャラクター」に関する質問が続きますが、自分で思いつかない場合は、次頁の言葉から探すなど上手に活用してください。

≪別表≫　対人キャラクター（例示）

誠実	生真面	責任感旺盛	努力家	挑戦的
情熱的	勇敢	行動的	活動的	積極的
人情味	陽気	友好的	社交的	協調的
感受性豊か	世話好き	おおらか	思いやり	優しい
明るい	元気	頑張りや	ひょうきん	ほがらか
几帳面	冷静	穏やか	素直	のんびり
のんき	自由気まま	おっとり	素朴な	無邪気
純粋な	思いやり	向上心がある	シャープな	機敏な
忍耐強い	好奇心旺盛	計画的	合理的	動じない
慎重	ひかえめ	クール	用心深い	無口
消極的	頼りない	せっかち	短気	気が弱い
心配性	甘えん坊	さびしがり屋	照れ屋	八方美人
白黒つける	負けず嫌い	強情な	頑固	威張る
専制的	強引	見下す	怒りやすい	反抗的
生意気	冷たい	不親切	くどい	おしゃべり
おせっかい	神経質	緊張する	いじける	言い訳が多い
暗い	優柔不断	おおざっぱ	自分勝手	わがまま
飽きっぽい	怠け者	ケチ	貧乏性	ズボラ
能天気	マイペース	いいかげん	堅苦しい	しつこい

（ここに無い自分にぴったりくる言葉もドンドン使ってください）

質問１

もし「あなたのことを教えてください」と言われた時、自分の性格、個性などについて何と説明しますか？
別表「対人キャラクター」を参考に思いつくだけ挙げてみて、その中から、これが自分そのものだと思うものを５つ選んで答えて下さい。

作成の手順として、まず自分の思う性格・個性・態度などを思いつくままに書き出し、次に、書き出した中からこれが自分だというものを５つ選んでください。

解答欄

□　自分で思いついた性格・個性・態度

□　上記から選んだ　５つの「自分にぴったりくる性格・個性・態度」

①

②

③

④

⑤

【質問１の解説】

質問１
もし「あなたのことを教えてください」と言われた時、自分の性格、個性などについて何と説明しますか？
別表「対人キャラクター」を参考に思いつくだけ挙げてみて、その中から、これが自分そのものだと思うものを５つ選んで答えて下さい。

狙い：自分のキャラクター（性格、個性、態度）を書き出すことによって、自分を確認する。

自分で書いたものを眺めてください。
普段自分のキャラクターを考える機会はあまりないのではないかと思います。
自分のキャラクターを書いて気づいたことはありますか。例えば中高年の方は若い時とはキャラクターが変わったとか、別表を見て新しい自分を見つけたなど。

また、家族や職場の仲間に聞いてみるのも良いでしょう。
自分が気づいていないキャラクターを教えてくれるかもしれません。
気づいたことがあればメモしてください。

メモ欄

コラム 10 「ジョハリの窓」

対人関係を深めたり広げたりするには他人に隠している部分を開示し、自分が気づいていない部分を他人から教えてもらうことが必要です。

「開かれた窓」を拡大すると他の窓の面積が小さくなり、対人関係が楽になります。

「ジョハリの窓」という名称は、考案したジョー・ルフトとハリー・イングラムの二人の名前からつけられました。

自分が

		知っている	知らない
他人に	知られている	開かれた窓 <解放した領域> 自分が良く知っていて、他人にも知られている領域	気づかない窓 <気づかない領域> 自分自身では気づいていないが、他人からは見られ知られている領域
	知られていない	隠された窓 ≪隠した領域> 自分自身は良く知っているが、他人には意識して隠している部分	未知の窓 <分からない領域> 自分も他人も気がついていない領域

質問2

1）あなたは仕事をしている時に、上司としてどんな「対人キャラクター」を発揮して職務を遂行していますか？強く出ていると思うものを３つ答えて下さい。
上司の立場で仕事をしている時に発揮している「対人キャラクター」は担当する職種（営業とか経理とか・・）や立場（課長とか部長とか）、自分の状態（自分の能力、仕事の質・量、役割、健康状態）などによっても違います。

2）あなたが仕事をしている時に発揮している３つの対人キャラクターは職場の雰囲気、働きやすさ、仕事の効率など働く環境にどんなプラスの影響を与えていますか？あるいはマイナスの影響を与えていますか？具体的に答えて下さい。

解答欄

1）上司として 仕事をしている時の 「対人キャラクター」	2）与えている影響	
	プラス	マイナス
例：挑戦的	職場に元気を与えている	部下の状況を把握せずマイペースになり部下の仕事のペースを乱している。
1		
2		
3		

【質問2の解説】

> 1）あなたは仕事をしている時に、上司としてどんな「対人キャラクター」を発揮して職務を遂行していますか？強く出ていると思うものを3つ答えて下さい。
>
> 2）あなたが仕事をしている時に発揮している3つの対人キャラクターは職場の雰囲気、働きやすさ、仕事の効率など働く環境にどんなプラスの影響を与えていますか？あるいはマイナスの影響を与えていますか？具体的に答えて下さい。

狙い：上司である自分が出している仕事中の対人キャラクターが職場の雰囲気や働く人の環境にどんな影響を与えているかを確認する。

仕事中に発揮する対人キャラクターが職場の雰囲気・働く環境に与える影響を確認します。上司の多くはプレイング・マネージャーでしょう。その比率は個人差がありますがほとんどがプレーヤー部分です。その状態で働く上司は、成果重視の中では、仕事をしている時は、組織内の融和より目標達成に意識がいっているのが普通です。そのために部下に対して十分配慮する余裕のない上司が多いのが実態です。

仕事場には安心空間も必要です。その一つの理由は、長い人生の中で職場にいる時間は極めて長いからです。

大まかに言えば起きている時間の半分くらいは上司の影響を受けている時間ということになります。

そう考えると、部下にとって、どのような上司の下で働くかということはその人の人生にとって大きく影響すると言えます。上司のみなさんには自分が与えている影響をよく理解していただきたいと思います。

マイナスの影響もプラスの影響も、その具体的な内容によって、対応を考える必要があります。その影響は上司が出す対人キャラクターだけで生じているとは限りません。

まず職場に影響を与えている上司の対人キャラクターを改善し、組織の在り方、仕事の仕方、仕事の与え方（質・量）なども併せて点検してみて下さい。

以下にどこにでもあるいくつかの上司のタイプとその一般的な影響を例示します。これらも検討の参考にしてください。

・仕事ぶりが緻密で計画的な、一に管理、二に管理という上司

⇒　管理が仕事で部下は息が詰まる、やらされ職場で躍動感なし

・必要なことは言うが、部下との対話は少ない上司

⇒　コミュニケーション不足、上司の考えが分からない、探り合い

・いつも部下に声をかけるにぎやかな上司

⇒　職場の緊張感はない、明るいが反面、煩わしい

・目標達成に向け一人ひとりに檄を飛ばしまくる上司

⇒　働かされている、緊張感、パワハラ的威圧感

・何でも話をしてくれる友達感覚の兄貴分みたいな上司

⇒　安心空間　コミュニケーションは取りやすいが、緊張感はない、ケジメがつかない一面も

・飲みニケーション、ゴルフなどを実質的に仕事の場に使う上司

⇒　付き合える人は安心、そのメンバーに入れない人は不安、仲よしクラブができる

・仕事は部下にお任せの上司

⇒　自分のペースで仕事ができるが、目標達成度は今一歩

質問3

質問2で上司の「対人キャラクター」により具体的に生じているマイナスの内容等全体を見て、より働きやすい職場にするために意識して強く出したい、または新しく出したい「対人キャラクター」はありますか？また、抑制あるいは引っ込めた方がよいと判断した「対人キャラクター」はありましたか？
併せて答えて下さい。

解答欄

□　マイナスの内容等、改善したいことがあれば記入下さい。

□　強く出したい、新しく出したい「対人キャラクター」

□　抑制あるいは引っ込めた方がよいと判断した「対人キャラクター」
（あれば記入下さい）

【質問３の解説】

質問３
質問２で上司の「対人キャラクター」により具体的に生じているマイナスの内容等全体を見て、より働きやすい職場にするために意識して強く出したい、または新しく出したい「対人キャラクター」はありますか？また、抑制あるいは引っ込めた方がよいと判断した「対人キャラクター」はありましたか？
併せて答えて下さい。

狙い：上司としての影響が確認できたところで、「部下の働く環境」を改善するために自分の対人キャラクターをどう変えればよいか確認する。

働きやすい職場をつくるために、まず自分ができることを実行する。「自分が変わる」対策は考え方が決まれば直ちにできます。その上、結果によってはすぐに見直せるメリットもあります。
変えれば何らかの反応があります。その反応をうまくとらえて対応することです。
組織が諸施策を効果的に進めるには、上司と部下の信頼関係が不可欠です。
信頼関係をつくるには、上位者である上司から自分を点検して必要があれば変わることが肝要です。
信頼関係には二つあります。まず、人間的信頼関係、もう一つは仕事への信頼度です。

ここでは、対人キャラクターを修正することによって「人間的信頼関係」をつくる手順の一つを示します。
①　与えている影響からあらためて「修正したい対人キャラクター」を

確認する。

② 次に、「元気な職場にしたい」「上司と部下の意思の疎通をはかりたい」「担当者間の対話を促進したい」「生産性を上げたい」というように、今、自分が改善したい影響を確認する。

③ 改善を目指し、自分の「対人キャラクター」を、予想される効果も踏まえて修正する。

④ 部下の反応を観察し必要なら、さらに必要ならば追加修正。

自分が変われば部下も周囲の人々も変わります。

コラム 11

筆者からのエンパワーメントカウンセリング研究所の「SP（サブ・パーソナリティ）トランプ」についてのご紹介

物語の第3章「自分のキャラクター」の考え方、上司のドリル第3章「あなたの対人キャラクター」、次の第4章「職場のパワーハラスメント」の3つの章は　エンパワーメントカウンセリング研究所が主催している「SPトランプ」のファシリテーターとして勉強させていただいた内容、考え方を引用、利用させていただきました。また、そこで得られた多くのヒントも活用させていただいています。SPトランプは自己理解，他者理解には最高のツールだと思いますので、関心のある方は是非学習し自己成長に役立たせてほしいと思います。なお、「SPトランプ」を第1部の物語の中に載せてありますので、ご覧下さい。

連絡先　（有）YAO教育コンサルタント
エンパワーメントカウンセリング研究所
e -mail : ecl@yao-ec.co.jp

質問4

1）職場を離れた時のあなたはどんな「対人キャラクター」を出していますか？それぞれ3つ答えて下さい。

①自宅・家庭でくつろいでいる時

②趣味など好きなことに熱中している時

③質問２の「仕事をしている時の対人キャラクター」を転記して下さい。

2）3つのケースを見ていかがですか。感じたこと、気づいたことを答えて下さい。

記述にあたっては、前述の≪別表≫「対人キャラクター」を活用ください。

解答欄

1）職場を離れた時に出している対人キャラクター

	自宅、家庭でくつろいでいる時	趣味など好きなことに熱中している時	仕事をしている時（質問２を転記）
例１ ２ ３	・ひょうきん ・自由気まま ・のんびり	・行動的 ・元気 ・おしゃべり	・計画的 ・神経質 ・挑戦的
１			
２			
３			

2） 上の表を見て、感じたこと、気づいたこと

【質問４の解説】

> 質問４
>
> 1）職場を離れた時のあなたはどんな「対人キャラクター」を出していますか？それぞれ３つ答えて下さい。
>
> ①自宅、家庭でくつろいでいる時
>
> ②趣味など好きなことに熱中している時
>
> ③質問２の「仕事をしている時の対人キャラクター」を転記して下さい。
>
> 2）３つのケースを見ていかがですか。感じたこと、気づいたことを答えて下さい。

狙い：自宅・家庭、好きなことに熱中している時と仕事をしている時に出している「対人キャラクター」を並べて書き出すことによって、自分が置かれた立場や環境によって出している「対人キャラクター」が異なることを確認する。

自宅・家庭での自分と、職場の自分とはどう違いましたか。好きなことに熱中している時はどう違いましたか。

家庭でのキャラクターも家族との信頼度や家族構成、家族内の役割や期待などで異なるでしょう。

（家族での役割例）　親、子供、兄弟姉妹、配偶者、祖父母、経済的大黒柱、精神的な柱　など

私たち、人間は相手によって発揮する「対人キャラクター」が異なることを知ってください。いつも同じ性格、個性を発揮しているわけではありません。

そのことは、組織内でも状況によって出す「対人キャラクター」が変わることを意味します。上司自身このことを認識しておいてください。

また、家庭内で発揮している「対人キャラクター」を見て、より明るく、楽しい家庭にするために、見直した方が良いものは修正してはどうでしょうか。

第4章 職場のパワーハラスメント

質問1

≪別表≫「対人キャラクター」を参考にして次の二つの質問に答えてください

1）今まで仕事をした上司・先輩の中で「二度と一緒に仕事をしたくない、顔も見たくない上司・先輩」を一人特定し、その人に対して、あなたが出している「対人キャラクター」を３つあげてください。

考える手順を説明します。
対象者を具体的に固有名詞で「○○部長」「△△課長」「○○さん」と頭の中で確定させます。そして、次にその人と接している時（話している時、その人と一緒に行動している時）に、その人に対してあなたが出している（いた）「対人キャラクター」を書いてください。
例えば　①冷たい　②慎重　③我慢　のように
＜この手順　以下の質問でも同じ要領です＞

2）逆に「何度でも一緒に仕事をしたい上司・先輩」に対してあなたが出している（いた）「対人キャラクター」を３つ書いてください。1）と同様の手順で進めてください。

解答欄

1）二度と一緒に仕事をしたくない上司・先輩に対して自分が出している「対人キャラクター」

①

②

③

2）何度でも一緒に仕事をしたい上司・先輩に対して自分が出している「対人キャラクター」

①

②

③

【質問１の解説】

質問１
≪別表≫「対人キャラクター」を参考にして次の二つの質問に答えてください

１）今まで仕事をした上司・先輩の中で「二度と一緒に仕事をしたくない、顔も見たくない上司・先輩」を一人特定し、その人に対して、あなたが出している「対人キャラクター」を３つあげてください。
例えば　①冷たい　②慎重　③我慢　のように

２）逆に「何度でも一緒に仕事をしたい上司・先輩」に対してあなたが出している（いた）「対人キャラクター」を３つ書いてください。

狙い：自分が一人ひとりに出している「対人キャラクター」（性格、個性・態度）が違うことを理解する。そしてそれが、相手に伝わっていることを知る。
その伝わる内容によって相手の気持ちや行動が変化する可能性を知る。

それぞれの３つの対人キャラクターを眺めて見てください。
どのように違いますか？

私たちは普段「私はＡ課長に嫌われている、煙たがられている」「私はＢ課長に期待されている、好意をもたれている」などと感じることがあるでしょう。

特に、「課長として君は力不足です」「あなたは嫌な存在です」「君は仕事ができない奴だ」というような「対人キャラクター」を上司から出されると、その人に近寄り難くなり、壁ができます。
逆に「期待しているよ」「相性がいいね」というような「対人キャラクター」を受けたときは近寄りたくなります。二人の間に安心空間ができます。
このような体験をあなたもしたことがあるでしょう。

この様に感じるのは、相手があなたに「対人キャラクター」を出しており、あなたにはっきり伝わっているからです。

あなたもこのように無意識に、知らず知らずのうちに相手に自分の気持ちや感情を伝えています。まず、このことに気づくことが重要です。
このことを知っているか、知らないかは大きな差です。上司が知っていれば、会社の人間関係のように避けて通れない関係においては、上司自身が部下に出す「対人キャラクター」を意識的に入れ替えることによって相手に伝えるメッセージを変え、人間関係を改善できる可能性があります。
上司が部下との信頼関係を改善する必要を感じた時は、変わることを、部下に期待するのではなく、上司自らが先に変わることが何よりも肝要です。自分が変われば、部下にそれが伝わります。

質問2

1）上司から、あなたに出されていると感じる「対人キャラクター」はどんな内容ですか？
あなたの直属の上司から、あなたが感じている「対人キャラクター」を３つ答えて下さい。

2）上司があなたに出している「対人キャラクター」はあなたにどのような影響を与えているか答えて下さい。

解答欄

1）あなたの上司からあなたに出されていると感じる「対人キャラクター」

①

②

③

2）上記の対人キャラクターからあなたが受けている影響

【質問２の解説】

質問２

１）上司から、あなたに出されていると感じる「対人キャラクター」はどんな内容ですか？
あなたの直属の上司から、あなたが感じている「対人キャラクター」を３つ答えて下さい。

２）上司があなたに出している「対人キャラクター」はあなたにどのような影響を与えているか答えて下さい。

狙い：自分が部下として上司からどのような影響を受けているかを振り返ることによって、部下の立場をあらためて確認する。

上司は責任・権限を与えられています。そんな上司に「上司に嫌われる」、「信頼されない」ことは部下にとっては辛く厳しいことです。

そのような部下は上司に対して自信を失ったり、引っ込み思案になったり、バリアを張ったりし、自己主張をしなくなる傾向があります。また「縮こまる」「忍の一字」「いつも上司の顔色をみる」「言われたとおりに従う」など上司に対する言動に大きな変化を起こします。

また、特に上司は知らず知らずのうちに、パワハラの加害者になっていることがよくあります。あなたも、ハラスメントを受けていることもあり得ます。

あなたはそんな経験・体験は今日までなかったでしょうか。

部下として、自分が上司から影響を受けている内容を確認することによって、「自分は上司として、部下にどんな影響を与えているか」次の質問３で考えて下さい。

質問3

1）あなたは自分の部下に対して、どんな「対人キャラクター」を出していますか？
部下一人ひとりについて答えて下さい。
部下の多い方は仕事の関係が強い方５人を選んで記入して下さい。部下がいない方は、後輩、同僚、関連部門の方から選んで下さい。

2）あなたが記入した部下に無意識に出している「対人キャラクター」は、部下に伝わっています。あなたの「対人キャラクター」はそれぞれの部下にどのような影響を与えているかを日々の様子も参考に想像して下さい。

一人ひとりに出している「対人キャラクター」と、あなたが仕事をしている時に職場で出している「対人キャラクター」が重なって部下に影響を与えていることになります。
部下一人ひとりの立場や気持になって考えてみましょう。またマイナスの影響だけを考えるのではなく、プラス面の影響もあれば記入してください。

解答欄

1）部下に出している「対人キャラクター」
（なるべく5名記入　実名は記入しないこと）

＜記入例＞
部下（例　A　さん）
ⅰ　心配性
ⅱ　几帳面
ⅲ　白黒はっきり

部下①（　　　さん）
ⅰ
ⅱ
ⅲ

部下②（　　　さん）
ⅰ
ⅱ
ⅲ

部下③（　　　さん）
ⅰ
ⅱ
ⅲ

部下④（　　　さん）
ⅰ
ⅱ
ⅲ

部下⑤（　　　さん）
ⅰ
ⅱ
ⅲ

2）部下に与えている影響

部下名	プラス面	マイナス面
例）A　さん	仕事に対する不安が減る	指示待ち社員になる
①　　　さん		
②　　　さん		
③　　　さん		
④　　　さん		
⑤　　　さん		

【質問３の解説】

質問３

１）あなたは自分の部下に対して、どんな「対人キャラクター」を出していますか？
部下一人ひとりについて答えて下さい。
部下の多い方は、仕事の関係が強い方５人を選んで記入して下さい。
部下がいない方は、後輩、同僚、関連部門の方から選んで下さい。

２）あなたが記入した部下に無意識に出している「対人キャラクター」は、部下に伝わっています。あなたの「対人キャラクター」はそれぞれの部下にどのような影響を与えているかを日々の様子も参考に想像して下さい。

狙い：自分の部下一人ひとりに出している「対人キャラクター」を認識する。そして上司として部下にどのような影響を与えているかを理解する。

私達は一人ひとりに様々な「対人キャラクター」を出しています。

そして、今まで見てきたように、私たちは一人ひとりに出す「対人キャラクター」はすべて異なると言っても過言ではありません。

私たち上司は部下を平等に扱っていると勝手に思っています。皆さんが周りの部門や課の上司を見ればそうでないことが、一目瞭然ですね。例えば 「Ａ課長はＢさんを贔屓している」「Ｃ課長はＤさんを嫌っている」「Ｅ部長はＦさんに異常に厳しいよね」「Ｇさんには寛大だよね」というように。無意識のうちに、自分の意識や思い、好き嫌いなどが一人ひとりに対する態度や言動に現れます。そのことは部下の気持ちにどのような影響を与えるでしょうか。

端的に言えば、「いつも、頑張っているね。ありがとう」「仕事が遅いな。どうしようもない奴だ」というメッセージを出した場合、前者は意欲が出ますし、自信をもって上司と接することが出来ます。一方、後者は、上司に近づき難くなります。

部下の立場になると、職場生活の元気度、仕事の生産性に差が出ることは容易に想像できます。あなたが一人ひとりの部下に出している「対人キャラクター」も部下のモチベーションや仕事ぶりに影響を与えている可能性は十分にあります。

ここで大切なことは、上司が部下に対して出している「対人キャラクター」は職場のみんなが気づいているということです。知らないのは出している上司本人だけかもしれません。

したがって、上司の出す「対人キャラクター」は部下全員に、更には職場全体の雰囲気に大きな影響を与えています。

あなたの対人キャラクターは部下にどんな影響を与えているか認識できたと思います。部下の日々の言動も大いに参考になったことと思います。

第３章の「あなたの対人キャラクター」の質問２で学習した「仕事をしている時の自分が発揮している対人キャラクター」と、今作成した「部下一人ひとりに出している対人キャラクター」をもう一度眺めてください。

部下は「あなたが仕事をする時に出している対人キャラクター」と「部下一人ひとりに出している対人キャラクター」の二つを受けています。

上司であるあなたの「対人キャラクター」が、仕事の中で一人ひとりの部下に与えている影響を考えてみましょう。　あなたの部下の中に、「上司の顔を見ると何か言われるのではないか」「職場に行きたくない」「信頼されていない」「評価されていない」「上司の顔を見ると極度に緊張する」などと感じている部下はいませんでしたか。
もし、上司が部下の気持ちに気づき、意識的に部下に対する「対人キャラクター」を入れ替えたらどうでしょうか？時間はかかるかもしませんが、部下の意欲にプラスの影響を与えるのではないでしょうか。
あなたが部下を最大限に生かすためには、プラス、マイナスの影響を与えているあなたの「対人キャラクター」を認識することから始まります。

上司自身の「対人キャラクター」が部下にマイナスに影響していることに気づけば上司は修正できます。気づいていないだけのケースが多いのです。
だからこそ“パワハラを職場から無くす”ことに挑戦できるのです。

質問4

質問3で、あなたの出している対人キャラクターが部下一人ひとりに与えているプラス・マイナスの影響を整理しました。前問の答えを踏まえて以下の二つの質問に答えて下さい。なお、質問3で選んだ部下の5人について記入して下さい。

1）あなたが部下に出している「対人キャラクター」の中で、パワハラになる可能性があるものがあればどう修正しますか？
2）また、パワハラではないが、部下の意欲を阻害しているなど、職場生活にマイナスの影響を与えている「対人キャラクター」があった場合、どう修正しますか？

なお「対人キャラクター」の修正には対人キャラクターの抑制、入れ替え、追加などの方法があります。

解答欄

検討した結果該当しないところは、記入しなくて結構です。

1）パワハラになる恐れがある対人キャラクター（固有名詞不要です）

該当する部下	パワハラになっている恐れがある「対人キャラクター」	「対人キャラクター」の抑制、入れ替え、追加等
例） A　　　　さん	白黒つける　挑戦的 合理的	「白黒つける」を弱め、新たに「おおらか」を意識する。
① さん		
② さん		
③ さん		
④ さん		
⑤ さん		

2）職場生活にマイナスの影響を与えている対人キャラクター（固有名詞不要です）

該当する部下	意欲を阻害している恐れがある「対人キャラクター」	「対人キャラクター」の抑制、入れ替え、追加等
例 A	心配性　慎重　無口	忍耐強い
① さん		
② さん		
③ さん		
④ さん		
⑤ さん		

【質問４の解説】

質問４
質問３で、あなたの出している対人キャラクターが部下一人ひとりに与えているプラス・マイナスの影響を整理しました。前問の答えを踏まえて以下の二つの質問に答えください。なお、質問３で選んだ部下の５人について記入して下さい。
１）あなたが部下に出している「対人キャラクター」の中で、パワハラになる可能性があるものがあればどう修正しますか？

２）また、パワハラではないが、部下の意欲を阻害しているなど、職場生活にマイナスの影響を与えている「対人キャラクター」があった場合、どう修正しますか？

狙い：パワハラなどで、部下の意欲を阻害している「対人キャラクター」が分かったら、他の「対人キャラクター」と入れ替える、出し方を抑制することが有力な方策であることを理解する。

厚生労働省の発表によると労働者と企業トラブルを解決する「民事上の個別労働紛争解決制度」で平成25年度の総合労働相談件数は６年連続100万件を超える状況の中で、パワハラにあたる「いじめ・嫌がらせ」が昨年に続き「解雇」を上回り２年連続でトップになりました。職場ではパワハラがますます深刻な問題になっていることがうかがえます。

そこで、上司の皆さんが、実際にパワハラの加害者になっていないかを確認してみましょう。

部下一人ひとりに出している対人キャラクターをもう一度目を通してください。

そこからの部下のボヤキや叫びが聞こえてきませんか。

以下のような声が聞こえてくるようでしたら要注意です。

・「仕事の期待値が自分の能力とかけ離れていて辛い。とてもできないとは言えないし」
・「課長の言動は“お前はダメな奴だ”と言っているようだ」
・「他の人のようにやりがいのある仕事が欲しい」
・「他の人と同じように、仕事の打ち合わせに私も参加させて欲しい」
・「上司の立場ばかり主張し、私の意見はいつも無視され腹が立つ」
・「同じ仕事をしているのにメーリングリストから説明も無く外された」
・「たまには、私ともじっくり話す時間をとって欲しい」

多くの上司はパワハラではないかと指摘されると、以下のように答えることが多いのです。
・部下は平等に扱っている。
・本人のために、厳しく教育している。
・上司として目標達成に全力をあげているだけ。
・自分のことで精一杯。部下まではめんどう見れない。

以上のような声が聞かれるのは、上司が部下の深刻さに気づいても、上司である自分との関係までは気づかないからです。
パワハラかどうかは、上司ではなく、部下がどう感じたかという事が判断の基準です。

今まで、学習して感じていただいたように、「上司」のパワハラは大幅に減らすことが可能です。
それは繰り返しになりますが、「パワハラ上司は自分が加害者になっていることに気づいていない」からです。

質問５

1）あなたの部下は上司であるあなたに対して、どんな「対人キャラクター」を出していますか？

３人の部下を選んで書き出してみてください。

あなたが部下から受けている影響を考えるとわかりやすいのではないでしょうか。

（やる気、安心感、楽しさ、プレッシャー、不安、不快感、意欲の喪失など）

2）部下の「対人キャラクター」によって、あなたが職場生活で強く影響を受けているものを３つ選び、その影響の内容を答えて下さい。

3）あなた自身は上司に対してどのような対人キャラクターを出していますか。３つ選んで記入して下さい。またそれは、上司にどのような影響を与えているか推測して答えて下さい。

解答欄

1）部下があなたに出していると感じる「対人キャラクター」

部下	対人キャラクター		
	1	2	3
1			
2			
3			

2）強く影響を受けている部下の「対人キャラクター」と影響の内容

影響を受けている「対人キャラクター」	影響の内容
1	
2	
3	

3）あなた自身が上司に出している対人キャラクターと上司への影響

上司に出している「対人キャラクター」	上司への影響（推測）

【質問５の解説】

質問５

１）あなたの部下は上司であるあなたに対して、どんな「対人キャラクター」を出していますか？
３人の部下を選んで書き出してみて下さい。

２）部下の「対人キャラクター」によって、あなたが職場生活で強く影響を受けているものを３つ選び、その影響の内容を答えて下さい。

３）あなた自身は上司に対してどのような対人キャラクターを出していますか。３つ選んで記入して下さい。
またそれは、上司にどんな影響を与えているか推測して答えて下さい。

狙い：上司であるあなたが、部下一人ひとりが出す「対人キャラクター」にどのような影響を受けているかを確認する。
部下の言動があなたにとって強いストレスになっていないか確認する。
上司に出している「対人キャラクター」を書き出すことによって部下である自分が上司に対してパワハラの加害者になっていないか確認する。

例えば、専門知識やパソコン技術などの優位性を背景とした「部下から上司」へのパワハラも存在します。上司への加害者にならないためにそのことも知っておくことは必要です。

あなたは部下からそのような影響を受けていませんか？

あなたも、上司に対してパワハラの加害者になっていませんか？

あなたが上司に出している「対人キャラクター」を吟味してください。

それが、上司の大きなストレスになったり、行動面などマイナスの影響を与えていませんか？

逆に、上司を勇気づけるような対人キャラクターもあります。プラスの対人キャラクターは上司との信頼関係の強化につながります。

このことも十分に理解しておいて下さい。

質問6

職場にありがちな上司と部下の二つの事例を読み質問に答えて下さい。

事例　1

Aさん、男性、30歳、営業部

私は入社以来営業職で、現在は大手の客先を担当しています。上司のB課長は大変細かい方で毎日のように叱責をうけます。しかも終業時間間際になって外出先から連絡してきて自分の残した急ぎでもない仕事を頼まれることもあるんです。先日私のミスとはいえ、課員皆の前で突然「お前！何やってんだ！ばかじゃないか！」と怒鳴りつけられました。仕事は何とか乗り切ってきましたが、先月の連休前に強い焦燥感がおきて以来、イライラが強くなってあまり眠れない状態が続いています。これって上司からのストレスが原因ではないでしょうか。異動希望を出していますが今回も実現しませんでした。課長からは他部署の都合もあり希望には添えなかったと説明を受けましたが、私の異動を妨害しているのではないでしょうか。

上記事例の内容についてハラスメント（いじめ・嫌がらせ）だと思うものに○、そうではないと思うものに×をつけ、なぜそう思うのか簡単に説明して下さい。

□①　終業時間際になって急ぎではない仕事を頼む

□②　課員皆の前で突然「お前！何やってんだ！ばかじゃないか！」と怒鳴る

□③　異動の希望を叶えない

解答欄

前記事例の内容についてハラスメント（いじめ・嫌がらせ）だと思うものに○、そうではないと思うものに×をつけ、なぜそう思うのか簡単に説明して下さい。

□ ①　終業時間際になって急ぎではない仕事を頼む

説明

□ ②　課員皆の前で突然「お前！何やってんだ！ばかじゃないか！」と怒鳴る

説明

□ ③　異動の希望を叶えない

説明

【事例１の解説】

狙い：パワーハラスメントを具体的に理解する。併せて事例に基づき自分の行動はハラスメントになっていないか確認する。

職場のパワーハラスメントとは、第２部で説明した通り「同じ職場で働く者に対して、職務上の地位や人間関係などの職場内の優位性を背景に、業務の適正な範囲を超えて、精神的・身体的苦痛を与える又は職場環境を悪化させる行為をいう。」とされています。上司から部下に行われるものだけでなく、先輩・後輩間や同僚間、さらには部下から上司に対して様々な優位性を背景に行われるものも含まれます。職場のパワーハラスメントの行為類型は以下のとおりです。（ただし、職場のパワーハラスメントのすべてを網羅するものではありません。）

１）　身体的な攻撃（暴行・傷害）
２）　精神的な攻撃（脅迫・暴言等）
３）　人間関係からの切り離し（隔離・仲間外し・無視）
４）　過大な要求（業務上明らかに不要なことや遂行不可能なことの強制、仕事の妨害）
５）　過小な要求（業務上の合理性なく、能力や経験とかけ離れた程度の低い仕事を命じることや仕事を与えないこと）
６）　個の侵害（私的なことに過度に立ち入ること）

事例検討についての説明は以下の通りです。なお、○×については一つの見方として示しましたので、参考にして下さい。

①　○：程度によりますが、上司が職権を背景に本来業務上不要な仕事をさせることは問題です。
ただし、残業してでもその時行う必要性があればハラスメントとは言えません。

② ○：相手を暴言で攻撃し、人格を否定する発言で精神的なダメージを与える行為です。

ただし、課員の前での厳しい発言であっても、その時に発言することが必要な場合（安全に係わる医療現場、建設現場等）や部下へのマネージメントとしてその場で叱ることが必要な場合はハラスメントとは言えません。その場合も注意は"行為"そのものに限定します。

③ ×：異動は評価制度や組織の状況等によって行われるものであり、個人の希望が通らないといってもハラスメントには該当しません。

この事例のように、ハラスメントによって体調を崩し、何の対策もとられないまま心の健康を悪化させ、場合によっては、休職や退職せざるを得なくなる場合もあります。その場合、会社側は安全配慮義務違反等を問われる可能性があることを認識しておく必要があります。また、ハラスメントは当事者だけではなく、それを見聞きしている周囲の従業員にも苦痛を与える場合があり、職場環境の悪化につながります。

事例　2

Dさん、女性、27歳、総務部

私は入社５年目、総務部です。グループリーダーの女性の先輩のことで悩んでいます。何かと注意を受けていて先日も服装について「派手すぎるわよ！みっともない！」と言われてショックでした。何を着ようが私の自由ですよね。しかも服装だけではなくプライベートにまで色々質問をされて閉口しています。一方で仕事でわからないことを質問しても無視されてしまいます。作業の確認をしても「あんたは黙って私の言うとおりにやってればいいのよ」と知らん顔で、業務にも支障が出て本当に困っています。いじわるとしか思えません。

上記事例の内容についてハラスメント（いじめ・嫌がらせ）だと思うものに○、そうではないと思うものに×をつけ、なぜそう思うのか簡単に説明して下さい。

□①　先輩社員が女性の服装について注意をする

□②　仕事の質問に対し無視して教えない

□③　「あんたは黙って私の言うとおりにやっていればいい」と言う

解答欄

前記事例の内容についてハラスメント（いじめ・嫌がらせ）だと思うものに○、そうではないと思うものに×をつけ、なぜそう思うのか簡単に説明して下さい。

□ ①　先輩社員が女性の服装について

説明

□ ②　仕事の質問に対し無視して教えない

説明

□ ③「あんたは黙って私の言うとおりにやっていればいい」と言う

説明

【事例２の解説】

狙い：事例１と同様にパワーハラスメントを具体的に理解する。併せて事例に基づき自分の行動はハラスメントになっていないか確認する。

① ×：社会人としての常識的なドレスコードはあるので、程度にもよりますが逸脱した場合は注意すべきです。会社のルールがあればそれに基づいて行います。ただしこの事例の場合は言い方に問題があり、本人にとって暴言ととられる危険性があるでしょう。

② ○：仕事上必要な情報等を教えないことは仕事の妨害ともとられます。また、無視、無関心は存在の否定にもなり、精神的に追い詰めることになります。

③ ○：“私の言う通りに”という態度は強要型とも言われ、仕事への意欲を喪失させるものです。また、"あんた"という呼び方は本人にとって不快であり精神的な苦痛となります。

この事例の先輩は「公」の場である職場に「私」の意識を持ち込んでいます。この先輩は、プライバシーは「私」の部分であるという意識が低く、Dさんに精神的に苦痛を与えており、これ以上エスカレートしないよう上司の指導などが求められます。

第5章 部下の話を聴く・伝える

あなたは部下の話をどのように聞いているでしょうか？管理者研修などで「あなたは聞き上手ですか？話し上手ですか？」という質問をすると80％くらいの参加者は聞き上手と答えます。多くの管理者は聞き上手という認識をしています。あなたはどちらでしょうか。問題をやりながら考えてみましょう。

質問1

あなたは部下から、「ご相談したいことがあります。話を聞いてほしいのですが」と言われた場合、どのような点に注意して話を聞いているか答えて下さい。

解答欄

□　実際に話を聞いている場面をイメージしてどんな点に注意して話を聞いているか、ご自身をふりかえって下さい。

【質問1の解説】

質問1
あなたは部下から、「ご相談したいことがあります。話を聞いてほしいのですが」と言われた場合、どのような点に注意して話を聞いているか答えて下さい。

狙い：「部下の話を聞く」ことの留意点を理解しているかを確認する。

部下の話を聞くときに重要なことは、先入観を持たないで「本気で聞く」ということです。

その姿勢は部下に伝わります。本気で聞くとは具体的にどういうことでしょうか。まずは以下の点です。

① どのような内容の話かを確認して、すぐに話を聞けない状況の時は話し合う「時間」と「場所」を確保して部下に伝える。聞ける時は、落ち着いて話が出来る場所で聞く。

② 部下が本当に話したいこと（言いたいこと）はなんだろうと思いながらまずは口を挟まず最後までしっかり聞く。（話の腰を折らない）

③ 部下の話が一段落した時点で、上司は部下が話したかったと理解したことを伝え確認する。
例 「あなたの話を……と理解したけど、合っているかな？」

④ 意見やアドバイス等を求められていることがあれば、誠意をもって対応する。
仕事上の専門知識が必要だったり、上司が自分で答えが出せない時には、素直にそのことを部下に伝え、部下が望むなら、そのことに精通している人を紹介する。

部下の相談が上司にとっても仕事に関係した重要なことの場合は、すぐに対応することと思いますが、上司が自分本位で重要と感じなかったり、あまり関心がない相談の場合には、忙しさのために対応が遅れがちになるなど部下に不満が生じることがあるかもしれません。まずは①の対応を心掛けてください。

上司に聞けば簡単に結論が出ることでも部下にとっては「こんなこと聞いても良いのだろうか」「聞いたらどう思われるだろうか」と逡巡したり、「能力的についていけない」「方針がわからない」「異動したい」「退職したい」など言い出しにくいことがあります。その場合は、どうしても前置きが長くなったり言い淀んだりします。上司としては「早く結論を言え」となりがちですが、その様子から何かあるのかな？と気持ちを察してまずは②③を意識して聞くようにしてください。

そうすると部下も言いたいことや心情も話すことができ、話を聞いてもらえた、という充足感や安堵感を感じることができます。この感じは上司への信頼感につながるものです。

①～④以外にも、皆さんが話を聞くときに注意していること、大事にしている点はあると思います。それは部下にとって、「話を聞こうとしてくれている」「話を聞いてもらえた、理解してもらえた」という気持ちにつながるものか、念のため確認して下さい。

以下は部下に「話を聞いてほしい」と言われて、部下をガッカリさせる上司の光景です。忙しい上司にはありがちなことです。今までの対応を振り返ってみましょう。

・　上司が「今忙しいから、後で、時間をとるから・・・」と言って、部下が催促するまで、忘れてしまう。
・　部下の話を聞くどころか、上司が部下の話を遮って自分の考えを主張して、上司は満足、部下は不満。
・　似たようなケースで、話したい部下より上司がアドバイス、説得などで、多く話し、どちらが話したいのか分からない状況になる。
・　部下が話し始めても、上司への電話、来客などで話がよく中断して、部下が話す気がそがれる状態。話す場所、タイミングに配慮ができないケース。

・　自分の席で聞き始めてしまい、話の内容が周囲の人に聞こえてしまうことが気になり結果的に部下が十分に話せないケース。

なお、聞いた話の中で、個人的な問題は原則として守秘義務を守ることが重要です。この様な機会を通じて、部下との信頼関係をさらに固いものにして下さい。

コラム 12 「きく」ことの種類と傾聴の関係

「きく」には三つあります。そのことを先ずは知ってください。

1）「聞く」（hear）　＜日常的なきく＞

「話し手」が喋った事柄の中で、聞き手にとって都合の良い部分が主として記憶される特徴がある。上司にはとって下記の3）「聴く」の聞き方が必要ですが、上司の多くはこの「聞く」の聞き方が中心ではないでしょうか。

2）「訊く」（question・ask）　＜訊問的にきく＞

「問いただす」ことであり、聞き手の側が必要とする内容を述べられる。

質問に答えることは、話下手の部下には話しやすいこともありますが、この訊くだけでは、責められている感じになり結局話したいことが話せなかった、ということになります。

3）「聴く」（listen）　＜こころをきく…傾聴という言葉で言われます＞

「聴」　漢字が表すように「耳に14の心」と書きます。

こころを込めて聴く、相手を理解しようと耳を傾けて聴くことです。

「話をする主導権」が常に『話し手（部下）』の側にある状況のもとで、聴き手（上司）は『話し手（部下）の心情』を主に感じとるように聞きます。「傾聴」という場合の聞き方はこの聴き方です。

傾聴の定義は一般的には次のようになっています。

傾聴　（アクティブ・リスニング）とは

積極的な聴き方。相手の話の文字通りの意味だけを受動的に聴くのではなく「この人はどうしてこんな風な話し方をするのだろう」「どんな気持ちでこの話をしているのだろう」ということをわかろうとする積極的な姿勢で話を聴くこと。

聴き手が話し手を大切にする心構えで、このアクティブ・リスニングをしていくと、話し手は自分の気持ちを率直にのびのび話すことができ、内面的に変化する可能性がある。

（引用：『カウンセリング辞典』　誠信書房）

質問2

質問１では部下の話を聞く時の注意点を学習しました。
今、部下の話を聞くことができていますか？いませんか？
聞くことができていないとするなら、それはどんな時ですか？
今、思い当たることを答えて下さい。

解答欄

□　部下の話を聞くことができていますか？いませんか？

□　聞くことができていないと感じるのは、どんな時ですか？

【質問２解説】

> 質問２
> 質問１では部下の話を聞く時の注意点を学習しました。今、部下の話を聞くことができていますか？いませんか？
> 聞くことができていないとするなら、それはどんな時ですか？
> 今、思い当たることを答えて下さい。

狙い：「聞く」ことの基本的姿勢を理解する。

話を聞くということについて理解してほしいことを整理したいと思います。２つあります。

第一は話を聴く姿勢（傾聴の姿勢）です。

ここでは部下の話を“聞く”ではなく“聴く”ということで説明します。（236ページコラム12参照）

１）部下の話を本気で聴く姿勢

上司は、部下が話しやすい環境（雰囲気）をつくり、部下の話を本気で聴く姿勢、態度で接することが何よりも重要です。

視線を合わせることが苦手な部下には、座る角度も重要です。部下との対面は正面とは限りません。腕組みや脚組みも話しにくさにつながることもあるので注意が必要です。また、部下の話を促しながらこちらが話をよく聴いていますよ、と伝える最良の方法は「うなづき・相づち」です。上手な相づちは話やすさに大きく影響します。部下が話しやすいように臨機応変に対応してください。

２）部下を１人の人間として尊重し、あるがままを受け入れようとする姿勢

これは、話の内容をそのまま素直に聴くという意味です。

話の途中で原因を追及したり、話の内容を評価したり、否定したりせずに聴き、わからないことは教えてもらう姿勢です。
それによって、部下に何でも話せるという安心感がうまれ、その結果として対話がスムーズに進み、より正確な問題把握につながります。

3）部下の立場や気持ちになって考えようという姿勢
部下が伝える言葉には「事実・状態」と「感情」がありますが、その両方を部下の立場や気持ちになって聴くことです。相手の立場になるというのは難しいものですが、先入観や思い込みで判断しないように心掛けることでかなり近づけます。
また、仕事をする時は事実・状態は、いつでも理解する努力をしていますが、その背景にある感情は見落としがちです。けれども、人は事実だけではなく背景の感情に共感してもらうことで“わかってくれた”という気持ちを持つことができ、自分を客観的にふりかえる余裕がうまれるのです。

第二は聴くことによって信頼関係がつくれるということです。
「部下の本当に言いたいことを理解する」＝「信頼関係構築の第一歩」と言えます。なぜなら“人の話を聴く”ということは、「部下やお客様が伝えたいこと、訴えたいこと（思い）」を理解することで、この理解が伝わると相手への信頼感が醸成されるからです。傾聴されると、尊重された、大切に扱われた、という感覚が生じます。
部下の感情・気持ちまで理解できれば、部下への対応が正確になり、結果的に部下の能力を引き出すことにつながります。

聴く姿勢＋傾聴力＝信頼関係の構築・充実ということが言えます。
この方式をあらためて理解しておくことが重要です。

ただし、部下の話の聴き方は、ケースバイケースで考える必要があります。

“聴けていない”と思うところには、自分も忙しくて時間も気持ちの余裕もない、ということがあるでしょう。忙しいプレイングマネージャーである上司のみなさんは、聞き方を使い分けることが必要です。手早く結論を示すのか、じっくりと心情まで「聴く」必要があるのか、その判断力が求められますが、聴く必要性を感じた時は是非、その姿勢で対応をしていただきたいと思います。

質問３

上司として、部下に仕事を指示する時にどのようなことに注意をして伝えていますか。答えて下さい。
仕事の重要度、完成期限、部下の能力、経験、指示する時の部下の仕事量、体調などの状態に応じて判断する必要があります。

解答欄

□　仕事を指示する時の注意点

あなたが実際に注意していることを整理してみましょう。

【質問３の解説】

質問３ 上司として、部下に仕事を指示する時にどのようなことに注意をして伝えていますか。答えて下さい。

狙い：「どうすれば部下は指示したことを達成できるかについて、上司としての考え方、手順を理解する」

部下に仕事を頼むときには、準備が必要です。頼む仕事の内容、難易度などを考えて、しっかり準備をしてください。「上司の準備」＝「部下の仕事のしやすさ」となります。

以下、上司として部下に対応するいくつかのポイントを説明します。

まず、部下に仕事を指示する時のポイントを確認します。その上で「部下に伝えたいことをはっきり伝える」ということについて説明したいと思います。

１）部下が仕事を受け入れられる状態か確認する。
　確認することは二つです。
①能力的に問題はないか。（必要なら支援）
②時間的に可能か。
特に②の場合、必要なら上司が部下の担当職務について優先順位をつけることがポイントです。

２）上司としての部下と対話する時の基本姿勢
①対等　　　同じ目線で
②誠実　　　正直に伝える
③率直　　　素直な気持ちで要件をきちっと伝える

④自己管理　　自分に生じる気持ち、感情をコントロールする。

3）上司として部下に「自分の意思」を伝える時のポイント

①　Ｉ（アイ）メッセージ　（私を主語に自分の気持ち、考え方を述べる）　で伝える。

・「部長が言っている」「社長が言っている」「あなたは……した方がよい」ではなく自分の言葉で「私」を主語にして「会社の方針を受けて私は……する」「私は……と思う」というように。

②　「事実」を伝える。

・事実と推測は分けて伝える。

・自分の考えと聞いた話は分けて伝える。

③　部下への指示や要請は丁寧かつ正確に。

・誠意、信念をもって伝える。

4）部下に仕事を指示（依頼）する時のポイント

担当する部下と仕事の内容からどのようなミスやトラブルが起きるかを想定し、その上で丁寧に以下の手順で進める。

①　指示する仕事の全体観と依頼する仕事の関係を説明する。

②　指示する仕事の期待する、質・レベルを明確にする。

③　必要な場合は、なぜ部下の中からＡさんに指示するかを説明する。

④　双方が納得できる期限を設定する。

⑤　「必要なことは支援する」ということを部下に明確に伝える。

⑥　最後に指示したことが理解されているか確認する。

コラム 13 クッション言葉

丁寧に言いたい時には 『クッション言葉』 を上手に活用する

「クッション言葉」とは、会話などで、相手に対する衝撃を和らげ、相手に丁寧で柔らかい印象を与える、文字通りクッションとなる言葉。

例えば、部下に大変なことを依頼する時、部下の要望や意見を取り上げることが出来ない場合などに、言葉の前に添えて使用する言葉です。

<クッション言葉の例>

「忙しいところ悪いけど…」 「面倒かけるけど…」
「君のいうことはよくわかるけど…」
「ご意見はもっともだけど…」「申し訳ないが…」
「大変残念だけど…」「心配かけるけど…」

おわりに

私が人事担当、また産業カウンセラーとして過ごしてきた期間、あまりに多くの上司と部下の問題を見てきました。

その中で「上司がこのことに気づいてくれれば、簡単に解決するのに」と常に感じていたこと、それは『部下にとって上司は最大の職場環境である』ということでした。

このことに気づき意識をもって、部下と接していくことで職場に大きな変化をもたらすことを確信しています。

この本は、一人でも多くの皆さんにこのことに気づいてもらい、職場でいきいきと充実した時間を過ごしていただきたいという想いで執筆しました。

最後に、経営者・人事担当の皆様にお願いがあります。

企業の経営にとって、「社員」のみなさんは、目標達成のために共に業務に邁進する収益の源泉であります。

なかでも、その部署を取り仕切る「上司」の皆さんの役割は大きくなります。

上司にとって働きやすい環境ができれば、こころに余裕ができ、そのことが部下にとっても良い影響を与えることでしょう。

また出版に際しては、全般的に丁寧にご指導いただいた経営書院の出版部の皆様はじめ、多くの方々に応援していただきました。社会に出て45年、その間私を育てていただいた日鐵住金建材(株)、日本産業カウンセラー協会の先輩・仲間、ＳＰトランプの学習機会を与えていただいたエンパワーメントカウンセリング研究所、出版にあたってアドバイスをいただいたメディア・ヴィレッジの吉田健一氏、娘婿の細田哲史君、更には第１部の物語の作成に多大な協力をしてくれた次女、その他多くの方に紙面を借り心から感謝致します。みなさまありがとうございました。

この本がこれから上司になる方、すでに上司としてがんばっている方、そして経営者や人事担当者の皆様のお役に立つことができれば幸いです。

小原　新

平成26年９月吉日

【　著者略歴　】
小原　新（おばら　あらた）
シニア産業カウンセラー　ＳＰトランプ・ファシリテイター　CDA　衛生管理者
経営士
「上司と部下の信頼関係づくり」コンサルタント

専門　　人事労務管理　　上司・部下間の信頼関係づくりを中心に活動、
産業カウンセリング

1946年生　　中央大学卒業後、現、日鐵住金建材(株)に入社。人事労務を中心に担当し役員を経て同社顧問、平成22年退社。元東北大学大学院経済学研究科非常勤講師、元一般社団法人日本産業カウンセラー協会専務理事。現在、日鉄住金総研(株)講師。その間一貫して「部下にとって上司は最大の職場環境」をモットーに「上司」と「部下」関係を基本とした職場の信頼関係づくりのための活動を展開している。

著書　「自立を目指す」「自分を活かす自己啓発２４のヒント」（共著・中央職業能力開発協会）

人事部主導によるパワハラ解決と管理者研修ドリル

2014年10月14日　第１版第１刷発行

定価はカバーに表示してあります。

著　者　小　原　　　新

発行者　平　　　盛　之

㈱産労総合研究所
発行所　出版部　経営書院

〒102-0093
東京都千代田区平河町 2-4-7 清瀬会館
電話　03(3237)1601　振替　00180-0-11361

落丁・乱丁本はお取替えいたします。　　印刷・製本　中和印刷株式会社

ISBN978-4-86326-180-8